TUDO TEM SOLUÇÃO
Lançamento:17 novembro 2013
Capa: Andrey Lamberty

T814t Trevisan, Lauro
Tudo tem solução / Lauro Trevisan. – Santa Maria : Editora da Mente, 2016.
152 p.

ISBN 978-85-7151-075-3

1. Psicologia 2. Motivação 3. Poder da mente 4. Espiritualismo I. título

CDU 159.962.7

Ficha elaborada por Cristiane Silva Teixeira, CRB 10-1501

EDITORA DA MENTE

Editora e Distribuidora da Mente
Caixa postal 559 – cep:97015-663
Santa Maria, RS, Brasil
Fone: (0xx55)3223.0202
Fax: (0xx55) 32217184.
E-mail: mente@editoradamente.com.br
Autor:laurotr@uol.com.br
Site:www.editoradamente.com.br
Rede social: www.facebook.com/lauro.trevisan.35

Lauro Trevisan

Tudo Tem Solução

2ª Edição
2016

Editora da Mente – Santa Maria – RS
Brasil

****

"Nada vos será impossível".

Jesus

****

Duvide

Já sei que você duvida. É bom duvidar. Bato palmas à sua dúvida de que tudo tenha solução. Para você, é surrealismo total.

Não faz muito, participei de um encontro e, ao afirmar, com ênfase, que tudo tem solução, vários dedos apontaram para o alto, como flechas contra minha inteligência. Então, aceito sua incredulidade e respeito sua dúvida, até porque duvidar é o princípio fundamental da pesquisa, a pesquisa é o caminho da ciência, e a ciência é a busca da verdade.

A dúvida, portanto, é o dedo apontado para a sabedoria, ao passo que a negação e a incredulidade são amarras que impedem conquistas e apagam o futuro.

A negação fecha a porta, a dúvida aceita entrar.

A incredulidade tranca a porta e joga fora a chave para não ter que se defrontar com qualquer surpresa possível.

No meu tempo de seminário, a Filosofia era esquadrinhada por todos os ângulos. Tínhamos que queimar as pestanas em cima das diversas correntes de pensamento. René Descartes, (1596-1650) era um dos filósofos muito vasculhados. Autor da famosa frase "Cógito, ergo sum", (penso, logo, existo), foi um dos pensadores mais influentes da História do Pensamento Ocidental.

Escreveu ele:

"Para examinar a verdade, é necessário, uma vez na vida, colocar todas as coisas em dúvida o máximo possível".

*P*ois bem, abençoada a sua dúvida. Mas, dúvida não significa mente fechada. Aceite o desafio e venha para dentro desse livro. Quem sabe, sairá dessa leitura com a compreensão e a certeza de que seu caso tem solução e solução mais fácil do que supunha? Encontrar um anel de ouro num porão escuro pode parecer empreitada difícil ou impossível, mas encontrar o anel no porão totalmente iluminado, nada mais fácil.

Sejam quais forem suas crenças e verdades, mantenha a mente aberta. Já dizia o grande artista Charles Chaplin:

"A mente humana é como paraquedas, funciona melhor aberta".

Tenho dito muitas vezes que só existe o problema porque existe a solução. É afirmação arrojada. Mas, neste mundo, tudo é arrojado, incrível, revolucionário, imprevisível. Eu escrevia livros, anos atrás, em máquina de escrever e fiquei pasmo com o invento do computador. Dirigi uma revista em que a comunicação particular com os assinantes era feita através de cartas; hoje o email é a maravilha da correspondência instantânea, maravilha esta que logo poderá ser substituída por algo impensável. Não era você um daqueles que achavam impossível o homem aportar na lua? Pois é, Charles Chaplin deu um conselho importante, quando lhe sugeriu ter a mente aberta como paraquedas.

A mente aberta tem capacidade de olhar por todos os ângulos. O cego mental não enxerga nada além de si mesmo; o caolho enxerga enviesado. Aceite que sua verdade possa, eventualmente, estar caolha, pelo menos para raciocinar. Crie o seu próprio contraditório.

Duas pessoas entraram numa igreja para rezar. Uma disse: "Deus, tenho um grande problema". A outra disse: "Problema, tenho um grande Deus!"

A vida é assim. Depende de como você olha.

Derrotando os impossíveis

Há poucos dias, um senhor veio ao meu encontro, no aeroporto de Porto Alegre, e me contou que lia meus livros e queria saber se havia alguma novidade editorial. Disse-lhe que estava escrevendo um livro de título *Tudo Tem Solução*. Ele sorriu e comentou que eu iria gastar muito cérebro para achar argumentos a favor dessa tese.

– Por quê? – perguntei-lhe.

– Ora, porque a vida está cheia de impossíveis – respondeu.

Saiu às pressas para o embarque e eu fiquei matutando sobre os impossíveis do homem.

E veio-me à lembrança uma frase de Goethe, aquele grande pensador alemão, de quem você já ouviu falar:

"Eu amo aquele que deseja o impossível".

Bela frase. Dou razão a esse sábio. O mundo avança graças à ousadia dos que se metem a desbaratar impossíveis. São chamados de malucos. Maravilhosos malucos – digo eu. Esses que puxam risinhos no canto dos lábios diante de experiências inovadoras, me fazem lembrar aquele colono do início do século vinte, que exclamou empolgado, ao comprar uma máquina manual de debulhar milho: "Depois que inventaram essa máquina, nada mais pode ser inventado!"

Tudo que pode ser imaginado, pode ser criado, mesmo que pareça impossível.

Luciano Luppi disse, certa vez, que "fica estabelecida a possibilidade de sonhar coisas impossíveis e de caminhar livremente em direção aos sonhos".

O Luppi é ator, diretor e professor de teatro da Escola de Teatro PUC Minas, onde vem preparando atores e atrizes desde 2000.

Então, estamos combinados: Tudo que possa ser imaginado, pode ser criado, mesmo que pareça impossível. Aliás, o impossível é sempre derrotado pelo tempo. Muitos impossíveis dos seus verdes dezoito anos, hoje já não são mais. Muitos impossíveis dos cientistas do século dezenove, hoje dormem desmoralizados nas prateleiras das bibliotecas desativadas.

Louis Pasteur, (1822-1895), foi um cientista francês cujas descobertas tiveram enorme importância na história da química e da medicina.

Veja o que disse ele:

"A diferença entre o possível e o impossível está na vontade humana".

Pasteur usou uma frase diferente para significar o que nós entendemos como fé. A vontade humana, o desejo irredutível, a persistência incondicional apesar do pessimismo dos outros e das situações desfavoráveis, é isto que faz a diferença entre o possível e o impossível. Não são os fatores adversos que impedem a vitória diante de qualquer situação, mas a mente negativa.

A vontade humana criadora faz a nova realidade.

O conhecido filósofo existencialista Jean-Paul Sartre trouxe essa filosofada benfazeja, que pode ajudar na compreensão dessa tese:

"O homem é a soma do que ele tem, mais a totalidade do que ainda não tem, do que deseja ter".

Ele, em outras palavras, está afirmando que o homem total é a soma do homem real mais o homem potencial. E a potencialidade humana tem limites? Até onde pode chegar a mente humana, até lá pode chegar o ser humano. Significa que você é seu próprio limite. Pode-se dizer que o limite humano é como o horizonte: por mais que a gente dele se aproxime, mais distante vai ficando.

Bom, se você ainda não está contente com essas ponderações, ofereço-lhe outra que foi divulgada pelo maior sábio que já pisou esse planeta: Jesus.

Garantiu ele, com plena convicção e conhecimento de causa:

"Tudo é possível àquele que crê".

É preciso analisar essa frase do Mestre. Para que tudo seja possível é mister acreditar que tudo é possível. Se você diz que o mundo tem apenas o tamanho da sua cultura atual, nem tudo será possível para você. Há mil anos, alguém acreditava que existisse o Brasil? Percebe que é sua mente que determina o que é possível ou impossível a você? Seu pensamento, sua imaginação, suas crenças fazem a dimensão do seu possível ou impossível. Simplesmente, você é o que pensa e acredita. Se pensa e crê que é possível, será possível. Essa é uma verdade tão incrível quanto verdadeira, sacramentada pela sabedoria do Mestre. Por sinal, o famoso e consagrado cientista Albert Einstein também se alinha com a declaração de Jesus.

Afirmou Einstein:

"Alguma coisa é impossível até que alguém duvide e acabe provando o contrário".

Mas, ao fim e ao cabo, o que é mesmo o impossível?

Vou dar-lhe a minha definição:

– Impossível é a distância imaginária entre a realidade mental e a realidade física. Quanto menor essa distância, menor é o tamanho do impossível; quanto maior a

distância, maior será a dimensão do impossível.

Tudo depende da mente de cada um e não do fator em si. Têm impossíveis da sua vida que você os derrotou em cinco anos. Esses outros impossíveis, que fazem com que você não acredite em solução, pode ser que tenham apenas o tamanho do tempo de leitura desse livro.

Aqui vale uma frase que colhi de São Francisco de Assis, o santo popular tão venerado no mundo, amigo dos animais, pregador da fraternidade universal, fundador da ordem monástica dos Franciscanos. Disse este santo:

"Comece fazendo o que é necessário, depois o que é possível e, de repente, você estará fazendo o impossível".

Vou completar essa ideia com uma frase de Eleanor Roosevelt:

"Você precisa fazer aquilo que pensa que não é capaz de fazer".

Anna Eleanor Roosevelt (1884-1962), esposa do ex-presidente dos Estados Unidos Franklin Delano Roosevelt, foi política de grande presença no mundo, principalmente pela defesa dos direitos humanos.

Antes de passar ao capítulo seguinte, deixo-lhe, para refletir, mais uma afirmação do Mestre:

"Nada vos será impossível". (Mt 17,21).

Tente mais uma vez

Será que você está desistindo de tentar? Tem certeza de que tentou mesmo chegar ao seu objetivo?

Mesmo que sua convicção esteja a zero, não deixe de tentar. Os calhambeques antigos funcionavam depois de várias maniveladas para acionar o motor. Se não tentar, sequer terá direito de se queixar.

Por favor, não desanime sem envidar os melhores esforços.

Tente. Comece. Diz o ditado que caminho começado é meio caminho andado. Vai. São Francisco está lhe dizendo novamente:

"Comece fazendo o que é necessário, depois o que é possível e, de repente, você estará fazendo o impossível".

Talvez você esteja lendo esse livro à luz de uma lâmpada. Sabe quem foi o inventor da lâmpada? Aquele que disse:

"Nossa maior fraqueza está em desistir. O caminho mais certo é tentar mais uma vez".

Chama-se Thomas Alva Edison, (1847-1931),

norte-americano, inventor da lâmpada elétrica, do gramofone, dos grânulos de carvão para o telefone, e mais de 1.300 outros inventos.

Tente mais uma vez, mais outra, mais outra.

Um ditado japonês há de ser incentivo para você:

"Caia sete vezes, levante oito".

De acordo com o tamanho de suas derrotas será o tamanho de sua vitória final. Se não desistir. No futebol, o gol da vitória, que acontece no minuto final, emociona mais do que uma goleada ao longo do jogo. Tente de novo. Desistir nunca. Mude a estratégia, se necessário, mas persiga seu ideal. Quando você quer escalar uma montanha, não se irritará nem desanimará diante das pedras do caminho. Isso faz parte da aventura.

O filósofo Epicuro dizia:

"Os grandes navegadores devem sua reputação aos temporais e tempestades".

Epicuro, filósofo grego, (341-270 AC), viveu em Atenas, mas seu pensamento foi muito difundido pelo mundo.

Seja navegador de si mesmo, enfrente tempestades com calma e ponderação, pois a persistência é a base do sucesso. Não olhe para o tamanho das ondas, nem se atemorize, que elas apenas estão desafiando você a ser forte, inteligente e bravo.

Não saia do barco

Vou contar-lhe uma história verdadeira. Aconteceu há cerca de dois mil anos, numa região distante, chamada Galileia. Lá existe um grande lago, tão grande que o chamam de mar. Na sua parte mais extensa, mede 21 quilômetros por 13. Está a 212 metros abaixo do nível do mar. Recebe as águas do degelo do Monte Hermon, que descem em vales profundos até o lago. Em certas ocasiões desembocam no lago ventanias repentinas muitos fortes, que ameaçam as embarcações que estejam porventura navegando.

Certa vez, uma grande tempestade se abateu sobre esse mar, justamente no momento em que viajavam para a outra margem Jesus e alguns discípulos. Embora afeitos a esses temporais, os pescadores Pedro e outros companheiros não conseguiam vencer a turbulência das ondas e o barco corria perigo iminente de naufrágio. Jesus dormia na popa. De repente, os homens desistiram de lutar e gritaram para Jesus:

– Salva-nos, Senhor, senão morremos todos!

Jesus levantou-se, deu ordem aos ventos que cessassem seus ímpetos, e às ondas para que se acalmassem. E o mar voltou à calmaria.

Então, o Mestre repreendeu seus discípulos:

– Por que temeis, homens de pouca fé?

Nas situações consideradas impossíveis, existe Alguém no seu barco. Não esqueça.

Quantas vezes na vida você se viu em situações dramáticas, derrotado por fracasso, vencido por doença grave, caído na solidão, afundado nos desatinos de um casamento naufragando...

Mas, tinha mais Alguém no seu barco.

Ao invés de se desesperar, de dar tudo por perdido, faça como os discípulos:

– Salva-me, Senhor, que estou naufragando!

Não importa a situação: se a vida não tem mais sentido, se a depressão jogou você no fundo do poço, se perdeu tudo que tinha, se a droga o aprisiona com garras de ferro, lembre-se que tem mais Alguém no seu barco.

Grite:

– Salva-me, Senhor, que estou afundando!

Não desista jamais. Tudo tem solução.

O seu clamor será ouvido. Ele vai serenar sua alma e acalmar a sua tempestade.

Muita gente se entrega, desiste, se destrói,

achando que é caso perdido.

Mas, tudo tem solução.

Essa história ocorrida com Jesus e seus discípulos, encerra cinco lições para você:

Primeira: você não se livrará das tempestades, mas pode livrar-se do naufrágio.

Você está seguindo viagem de barco pelas águas do oceano da vida. Ora se alegrará, navegando em águas serenas, céu azul, pássaros gorjeando e tecendo danças alegres; ora terá ventos pela proa dificultando o avanço; ora as velas se inflarão com ventos favoráveis, em correntes favoráveis; ora se defrontará com tempestades e vendavais. Tudo faz parte da navegação. Mas, o timão está em suas mãos e o leme depende de você. A travessia depende de você.

Segunda lição: Seja qual for o tamanho da tempestade, o lugar mais seguro ainda é dentro do barco.

Quando irrompe violenta tempestade, seja doença grave, tragédia, desgraça insuportável - o impacto emocional muitas vezes cega a pessoa e instintivamente tem o impulso de se jogar no mar para salvar-se a nado ou para sumir.

Imagine o que teria acontecido com os discípulos se resolvessem atirar-se ao mar.

Fique no barco. Ainda é o lugar mais seguro.

Terceira lição: Ele está no barco.

Tenha ao menos um lance de discernimento e olhe para a popa. Ele está lá. Dormindo ou não, Ele está no seu barco. Você não está sozinho. Se tiver o privilégio de enxergá-lo, chame-o.

Assim como ouviu a voz desesperada daqueles homens, ouvirá seu grito e serenará os ventos e as águas.

Grave bem essa lição. Ele está no seu barco. Se estiver dormindo, acorde-o. E peça.

– Pedi e recebereis – garantiu Ele.

Os discípulos apelaram para Ele e o barco seguiu em águas serenas.

Quarta lição: "Os grandes navegadores devem sua reputação aos temporais e tempestades".

Anime-se com o ensinamento de Epicuro, o filósofo grego que viveu por volta de 250 anos antes de Cristo e que disse a frase acima.

A tempestade existencial pode ser uma desgraça, mas faz parte da maravilhosa escola da vida.

Os barcos estão a salvo no porto, mas não foi para isto que os construíram.

Sua vida é uma viagem: somente fazendo o percurso você crescerá, terá momentos inesquecíveis, alegrias intensas, prazeres extasiantes e conquistas gloriosas. E as tempestades serão motivo de engrandecimento interior e de valorização da sua viagem até o porto de destino.

Quinta lição: Depois da tempestade sempre vêm os mais lindos dias de sol.

Esse é um sábio ditado confortador. Não há mal nem vendaval que sempre dure. Quando no bojo do furacão, tudo estará escuro, mas a vida e a viagem não terminam aí. Algumas horas depois, tenha a certeza de que verá o mais lindo dia de sol e nada se comparará com a alegria de ter superado tudo.

Ainda que mal comparando, depois do inverno frio, ventoso, com nevascas congelantes, surge no horizonte a primavera e com ela as flores, os frutos, a vida nos ninhos. Resplandece o verde da natureza e o brilho fulgurante do sol. E no coração humano nascem o amor e a felicidade cantando a festa da vida.

Sim, tudo tem solução. Linda solução. Maravilhosa solução.

Saiba ler o seu destino

O poeta Fernando Pessoa escreveu:

"Eu sou do tamanho do que vejo".

Mas, eu lhe digo que não basta ser do tamanho do que vê. Os olhos são limitados. Até mesmo enganadores. Anos atrás, estava atravessando um mato quando uma cobra grossa e comprida me deu um grande susto. No dia seguinte, vi que era um cano de borracha escura. Seja do tamanho não dos olhos físicos, mas do olho interior. Alcance o tamanho da sua visão interior. Mais do que na matéria que o circunda, esteja imerso na sua dimensão interior. O olho da mente sempre busca os páramos da sabedoria e esta não se limita aos contornos da matéria e nem aos enganos das vistas.

Às vezes, você invoca Deus, pede-lhe solução, mas seus olhos estão bloqueados e sua mente ofuscada pela descrença. Deus lhe oferece a solução e você fica olhando para outro lado.

Quando pede a Deus, preste atenção, para perceber como vai ser o atendimento. Claro que vai ser atendido. Jesus garantiu: "Pedi e recebereis". Fique na expectativa. Aguce os sentidos. Saiba interpretar os sinais que indicam atendimento.

Para entender o que estou dizendo, vou contar-lhe uma história:

"Um rapaz pediu a Jesus um emprego e uma mulher que o amasse muito.

No dia seguinte, abriu o jornal e leu um anúncio de emprego. Foi lá, viu a fila muito grande, e resmungou: "Eles são melhores do que eu!" Foi embora.

Tomou o ônibus e, no trajeto, um garoto lhe deu uma rosa. Ele, desolado com a situação, jogou fora a flor.

Ao chegar em casa, reclamou duramente a Jesus:

– É assim que me tratas? É assim que me amas? Estou decepcionado!

Foi dormir muito triste.

Em sonho, Jesus lhe diz:

– Dei-lhe um bom emprego, mas você não confiou em mim e desistiu antes de lutar. Lembra-se daquela rosa que inspirei a criança para lhe dar? Era para oferecer ao Amor da sua vida, aquela jovem especial sentada ao seu lado, mas você jogou a flor pela janela do ônibus. Está se queixando de quê?" (Internet).

Tudo tem solução, mas esteja atento para ouvir a Sabedoria interior.

Fomos feitos para dominar a terra

Quem é você? Quem sou eu? Quem somos nós? Para que estamos aqui nesse planeta?

Desde que fomos expulsos do paraíso, que nos fazia viver como filhos de Deus, em comunhão com Ele e com todas as criaturas - perdemos a identidade. Esse apagão originário seria um estado de coma existencial? Depois que isso aconteceu, nos primórdios da história humana, saímos à procura de nós mesmos através da ciência, da religião, da antropologia, da filosofia, da psicologia e da arqueologia. Nessa busca, saímos do coma, mas continuamos a vasculhar nossa origem e identidade. Alguma coisa conseguimos, no entanto temos certeza de que ainda não chegamos lá. E prosseguimos estudando e pesquisando, o que é muito bom.

Talvez seja o momento de voltar os olhares para um Ser que esteve conosco durante certo tempo e depois disse que cumprira sua missão e foi embora.

Pois, esse Ser, que passara despercebido, incompreendido e até mesmo ridicularizado, nos deu a resposta que procuramos, mas ficou por isso mesmo.

Seus seguidores o colocaram no altar, o reverenciam até hoje, mas será que acreditam que Ele tenha trazido a resposta?

Para começar, Ele disse que somos deuses. Foi um susto. Deuses, nós?! Nós que vivemos tão precariamente, num mundo muitas vezes hostil, somos deuses?!

– Vós sois deuses! (Jo,10,34)

Fantástico! Aqui desponta uma Luz. Não sabíamos dessa origem. Esse é um belo ponto de partida.

Então, coloquemos agora a dúvida científica:

– Somos deuses mesmo? Ora, se somos deuses, devemos possuir dimensão transcendental, dimensão essa que se situa além da nossa realidade atual. Todo deus é perfeito e completo em si. Mais do que isso, a dimensão de um deus se expande para além da realidade terrena.

Até então, nós só sabíamos que somos seres terráqueos, vivendo dentro de limites humanos finitos.

Mas ele disse que somos deuses.

E nos deu a entender que somos deuses porque filhos do Deus Maiúsculo.

E prosseguiu afirmando que nosso DNA divino se chama espírito, já que o espírito é a essência de Deus.

E falou mais. Por sermos espírito, somos Amor. E avisou que o amor é tudo, a síntese da Lei e os profetas.

Por fim, concluiu com a inacreditável revelação de que Deus é nosso Pai, habita o âmago de cada um, e com o qual podemos nos comunicar pelo pensamento sob qualquer forma. Por último, fechou com chave de ouro sua revelação:

– Ele sempre atende os desejos de quem quer que seja.

Por outras palavras, ensinou o segredo de que nossa origem não é desse mundo, que viemos de outra região, e aqui estamos como filhos do Criador, com poder e sabedoria de um deus filho, e que fazemos parte de um todo, que se movimenta por uma energia infinita chamada amor.

Agostinho de Hipona, grande filósofo e teólogo, personalidade de grande influência na Igreja desde sua época dos anos 300, disse num desses arroubos de sabedoria superior:

"Deus é mais interior ao homem do que o próprio homem".

Aqui é mister repetir a estranha revelação deste Ser estranho:

– Dada nossa origem e essência de filhos de Deus, temos Poder e Sabedoria imanentes, com os quais podemos e devemos viver bem, felizes, perfeitos, exercendo a capacidade de continuar a obra do Criador.

Isto significa que não fomos feitos para sofrer e sim para desfrutar a felicidade, a abundância e a autorrealização, de acordo com os ideais de cada um.

Agora, uma palavra a você:

– Se tem Poder e Sabedoria; se Deus habita o âmago do seu ser; se Ele sempre atende à sua palavra – é óbvio que tudo tem solução e a solução depende de você.

Que mais poderia dizer aquele Personagem – de nome Jesus Cristo – para garantir-lhe que pode tudo e, por consequência, que tudo tem solução?

O segredo

Talvez eu seja repetitivo, mas não posso falar que tudo tem solução sem mencionar o segredo clarificado por Jesus, através do qual lhe garante que tudo tem solução. Este segredo chama-se poder da fé, aquela força interior, que – pelas palavras do Mestre - move montanhas, produz milagres, tudo alcança e torna possível o impossível.

Já escrevi três livros sobre o poder da fé: será que é necessário voltar ao assunto? Penso que sim, pois seria pretensão minha supor que você e todos os leitores dessa obra já tenham lido esses três livros.

Sucintamente, quero dizer-lhe que o Mestre revelou, por diversas vezes, com palavras diferentes, para pessoas diferentes, em lugares diferentes, que pela força da fé qualquer pessoa pode conseguir tudo que desejar e necessitar. É uma afirmação que foge à nossa compreensão e por isso é deixada de lado até mesmo por teólogos e cristãos cultos.

– Não é possível – bradam a plenos pulmões –

que o ser humano possa alcançar tudo que desejar e bem entender. Um absurdo incomparável! Falta de bom senso e de realismo!

É o que muitos, inclusive seguidores de Jesus, afirmam.

Pois é, você pode pensar como quiser, mas Ele disse.

Vou contar-lhe o episódio mais claro que relata essa revelação do Cristo.

"Quando Jesus, Pedro, Tiago e João, retornando do Monte Tabor, chegaram aonde estavam os discípulos, viram à roda deles grande multidão e uns escribas a discutir com eles. Assim que o povo avistou Jesus, encheu-se de espanto. Correram-lhe ao encontro e o saudaram.

Perguntou-lhes Jesus:

– Que estais a discutir com eles?

Respondeu-lhe alguém do meio da multidão:

– Mestre, trouxe à tua presença meu filho, que se acha possesso de um espírito mudo. Esse, quando o apanha, atira com ele para cá e para lá, espuma, range com os dentes e fica todo hirto. Pedi a teus discípulos que o expulsassem, mas não foram capazes.

Exclamou Jesus:

– Ó raça incrédula! Até quando hei de estar convosco? Até quando vos hei de suportar? Trazei-mo cá.

Trouxeram-no. Apenas o espírito viu a Jesus, começou a agitar com violência o menino, que caiu por terra, se revolvendo e espumando.

Perguntou Jesus ao pai dele:

– Há quanto tempo lhe acontece isto?

– Desde pequeno – respondeu. – Muitas vezes dá com ele no fogo e na água para o matar. Se puderes fazer alguma coisa, tem piedade de nós e ajuda-nos.

Tornou-lhe Jesus:

– **Quanto ao poder, quem tem fé tudo pode**.

– Tenho fé – exclamou o pai do menino, entre lágrimas – mas auxilia a minha falta de fé". (Mc 9,14-29).

E continua o evangelho contando que Jesus curou o menino.

Nesse episódio, narrado também por Mateus e Lucas, Jesus se referiu ao poder absoluto da fé:

– Quanto ao poder, quem tem fé tudo pode!

Não se trata de frase confusa, nem de afirmação desabonada pelo contexto. A afirmação é clara, direta, inequívoca, simples, indiscutível.

Ninguém é obrigado a acreditar na veracidade das palavras de Jesus, mas não pode deixar de admitir que Ele disse. E o disse com todas as letras:

– Quanto ao poder, quem tem fé tudo pode!

Pois bem, se você reconhece a sabedoria, autoridade, honestidade e idoneidade de Jesus, não poderá negar ter Ele assegurado que, pelo poder da fé, o ser humano pode tudo. Ora, se pode tudo, é inegável que tudo tem solução.

Nunca esqueci uma frase que colhi do pensador James Allen:

"Tendo por centro de vosso ser essa fé, chegareis a possuir tanta força espiritual, que rompereis, como se fossem brinquedos de vidro, todas as forças do mal que surgirem contra vós, e alcançareis um sucesso tão excelente, que um outro, sem possuir uma fé igual, não conhece nem em sonho". (Da Pobreza ao Poder).

Que incrível! Eis a força que jorra do Infinito com a impetuosidade capaz de recriar o destruído, fazer o não feito, romper o intransponível, curar o incurável, materializar o inexistente.

Que revelação nos trouxe o Cristo!

De repente, você, caído no desespero de uma fatalidade, afogado na dor de uma tragédia, destruído por dentro e por fora em face de algo horroroso acontecido, enterrado no fundo do poço da depressão – levanta-se com a mente límpida, sente o coração ensolarado, abre os olhos para a vida, inunda-se de amor, e grita aos quatro cantos da terra que é feliz, muito feliz. Como pode?! Pode sim, porque a fé remove montanhas, produz milagres e gera enchentes de endorfina e oxitocina no corpo. Esses dois hormônios produzem no cérebro sensações de prazer e felicidade.

Fé, dúvida e negação

Escrevi, no início dessa obra, que a dúvida científica é sempre bem-vinda, a negação pura e simples é malvista, pois tem o vezo da ignorância e da intolerância.

A dúvida deixa a porta aberta para o estudo e a pesquisa, a negação fecha a porta e vai embora.

A dúvida gera curiosidade, a negação gera a repulsa.

Pois bem, do episódio acima, sobram três questões primordiais:

– O que é a fé e como se usa esse poder a ela inerente?

– Por que não acontece o que Jesus disse que aconteceria a quem tivesse fé?

– Por que as religiões cristãs, pelo menos essas, não se importam com essa revelação tão revolucionária, capaz de mudar a face da terra e retirar o mal do mundo, mas preferem pregar a resignação e a pequenez humana?

Vamos à primeira dúvida: Fé, segundo Jesus, é crer firmemente na realização da sua palavra. Também o apóstolo Paulo definiu-a da mesma forma: "A fé consiste na firme confiança daquilo que se espera e na convicção daquilo que não se vê".

Fé, refletindo, é o pensamento de absoluta certeza de que a palavra, o pedido, a oração, o desejo, produzem a realidade do seu conteúdo.

– Ora, se produz a realidade do seu conteúdo, por que muitas vezes isso não acontece?

– Não acontece, para muita gente, porque a fé não admite dúvida, hesitação, medos, retorno, desinteresse, descrença e negativismo. Basta uma dessas atitudes para que a fé evapore.

Palavra de fé significa absoluta convicção de que o conteúdo do pensamento necessariamente se materializa. É nesse ponto que ocorre o fracasso das pessoas que fazem seus pedidos. Oram pela cura, por exemplo, na esperança de que eventualmente Deus possa atender e, se isso não ocorrer, entendem que é porque prevaleceu a vontade de Deus e ponto final. Ora, essa maneira de pensar não tem nada a ver com a fé ensinada por Jesus e Paulo, por isso não é fé e nem garante resultado.

Faça o teste da fé:

– Você tem dúvida de que seu pedido possa acontecer? A palavra incurável está vergastando sua fé?

– A falta de recursos materiais não está matando a certeza de que terá sua casa? Sua loja? Sua viagem? Sua roupa? Seu terreno?

– Não está pensando que sua incapacidade mental, ou falta de estudos, ou a precariedade da economia do país, lhe impedem de chegar à realização do seu sonho?

– Na hora do desafio travado entre a razão e a fé, você não permanece hesitante?

– E o medo de que não dê certo?

– E o retorno ao negativismo não está acontecendo?

– Depois de se encantar com a possibilidade e a certeza de chegar lá, não se deixou tomar novamente pela descrença e pelo negativismo?

– Ainda permanece a vontade férrea e entusiástica sobre o seu desejo ou já está desinteressado?

Já a terceira dúvida se refere ao desinteresse das religiões cristãs, pelo menos algumas, de pregarem o poder da fé. Isso ocorre talvez porque entendam que não é bem assim. O poder da fé seria uma revelação forte demais, utópica, contrária à realidade da vida, e, então, grande parte dos pregadores se esquiva de entrar nesse território. É mais fácil e racional pregar a resignação e a pequenez humana.

Não há porque reclamar das religiões cristãs

essa desatenção ao ensinamento mais revolucionário de Jesus. Tudo tem seu momento. Significa que os tempos não são chegados, apenas isso.

Quem poderia dizer, de sã consciência, que sabe exatamente como fazer para que seu pensamento acione matematicamente e sempre o poder criador?

A mente humana é muito fluídica e sensível a variações sutis, de tal forma que nem sempre a fé suposta é fé total. Mas o que importa é praticar e praticar e praticar o exercício do poder através da fé.

Aja como se tivesse fé e essa determinação finalmente tocará na corrente elétrica do poder e acenderá a luz. Então, os efeitos serão maravilhosos.

Quando Thomas Alva Edison descobriu a lâmpada elétrica e prometeu iluminar Nova Yorque, havia muitos, talvez a maioria absoluta, que achavam impossível essa empreitada do inventor. No entanto, num simples apertar de botão, Nova Yorque acendeu as luzes pela primeira vez na história da humanidade.

Não seja retrógrado: duvide, mas não negue.

Um dia, todos chegaremos ao exercício dessa bênção divina.

Houve tempo em que só se sabia andar a cavalo, mas o sonho do veículo terrestre, do avião impossível, da viagem à lua, e tantos outros, aconteceu.

Houve época em que grupos pseudocientíficos e religiosos me combatiam duramente, achando que eu era charlatão, porque prometia o impossível. Sequer imaginavam que Jesus já tinha se antecipado a mim por mais de dois mil anos.

Lembro que, quando o padre cientista gaúcho Landell de Moura, (1861-1928), inventou a comunicação sem fio, sendo o primeiro a transmitir a voz humana por rádio, foi acusado de ter ligação com o diabo e até chegaram a entrar no seu laboratório e quebrar sua aparelhagem. Veja, mais uma vez, a diferença entre a dúvida que se interessa pela pesquisa e a negação raivosa e fanática. Por sinal, quando a Igreja quis entrar em seara que não lhe pertencia, como no caso Galileu Galilei, sempre se deu mal e teve que reconhecer seu erro. Atualmente, já é tempo de tirar de sua agenda religiosa a condenação aos anticoncepcionais, à camisinha, e outras interferências por demais ultrapassadas diante do avanço da ciência. Concordo que a ciência não é dogmática e não é tudo. Para brincar um pouco, houve tempo em que deixei de comer ovo porque diziam os médicos que fazia mal - hoje faz bem; muitos deixaram de comer chocolate porque atentava contra a saúde - hoje é louvado. Portanto, nem tanto ao mar e nem tanto à terra. A ciência, principalmente a medicina, torce a cara quando se fala em cura milagrosa. Mal sabem os doutores da saúde que o médico trata da ferida mas quem cura é Deus, ou seja, é o poder curador existente nas dimensões subconscientes do ser humano.

Várias vezes tenho lido em laudos médicos: "A cirurgia foi perfeita, o paciente morreu". Há até mesmo círculos teológicos que não gostam que se fale em poder da mente, nem em poder da fé e menos ainda em poder do milagre. Estão retirando do ser humano o que há de mais essencial e divino. Mas, felizmente, a realidade não obedece aos arrazoados. E o poder da mente continua produzindo efeitos, a fé continua fazendo maravilhas e o milagre continua acontecendo.

Desejar é o caminho

Por ora, fortaleça sua fé pensando assim: Os outros puderam, eu também posso, já que não existem privilegiados nesse mundo de Deus.

Quando o discípulo estiver pronto, o mestre aparece – diz a sabedoria.

Quando as premissas forem colocadas corretamente, a fé explodirá.

Sabe você quem criou e de onde vêm nossos desejos?

Se há algo de intrigante é verificar que temos desejos. O desejo é a criação de uma realidade mental. De onde vem o desejo?

De que mundo ele é?

Por que temos desejos?

É possível ter algum desejo cuja realização seja inexequível?

O desejo não é algo que transcenda a dimensão humana. Ele pertence a essa esfera humano-terrestre.

Está, portanto, ao nível da capacidade e possibilidade de materialização. Então, por que não admitir que o ser humano tenha capacidade de cumprir e efetivar um desejo?

Se Deus lhe tivesse dado o poder de desejar e não tivesse dado o poder de realizar, seria incompetente, ou sádico, ou incoerente, ou mentiroso. Você há de convir que tais atitudes não existem em Deus.

Já que o Criador nos brindou com a capacidade de desejar, só nos resta concluir que é de seu interesse que cumpramos esse ato divino.

Talvez possamos imaginar que o Criador, após ter resolvido criar o ser humano de si mesmo, como deus minúsculo, tenha produzido um depósito de tudo o que suas criaturas pudessem desejar. Depois, teria colocado, nos recônditos da mente, as imagens de tudo que existe nesse depósito ilimitado, e, cada um, sob certas circunstâncias, pode fazer aflorar imagens representativas dessas realidades. Seria como na pesca: o anzol mental puxa a realidade. Quer dizer que Deus, antes de lhe dar o poder de desejar, já criou essa realidade. Pertence a você pescá-la. Então, poderíamos acreditar que o nosso desejo é o desejo de Deus em nós.

Parece que a bíblia concorda com essa divagação. No livro de Isaías, Deus diz:

"*E acontecerá que, antes que eles clamem, eu os ouvi-*

rei; estando eles ainda a falar, eu os atenderei". (65:24).

E Jesus fala assim:

"Pedi, e vos será dado; buscai e achareis; batei e abrir-se-vos-á. Porque todo o que pede, recebe; o que busca, encontra; e a quem bate, abrir-se-lhe-á". (Mateus, 7:7)

Num dos meus livros, tenho escrito, alguns anos atrás:

"O que você deseja existe, é seu e está esperando por você".

A escritora e pensadora Catherine Ponder, já citada, escreveu em seu livro *As Leis Dinâmicas da Prosperidade:*

"O desejo é Deus batendo à porta da nossa mente."

Joseph Murphy, (Irlanda 1898-Estados Unidos 1981), autor de 36 livros, é um dos pensadores mais lidos sobre a ciência do poder da mente.

Escreveu ele:

"Seu desejo é o impulso da vida dentro de você, sempre a lembrá-lo de que existe um vazio em sua vida que é preciso preencher". (Telepsiquismo).

Para completar, permita citar Richard Bach, autor do livro *Fernão Capelo Gaivota* e outros.

Veja o que ele escreveu:

"Você nunca recebe um desejo sem também receber a capacidade de torná-lo realidade". (Ponte para o sempre).

Quero, ainda, por fim, acrescentar a palavra do apóstolo Paulo aos filipenses, pois configura mais uma certeza de que tudo que você deseja já existe à sua disposição no depósito infinito:

"O meu Deus suprirá todas as necessidades de vocês, de acordo com as suas gloriosas riquezas em Cristo Jesus". (4.19).

Qual é o seu desejo?

Agora pense nas suas necessidades. Concorda que tudo tem solução? Deseja uma casa? Deus já a criou no seu depósito. Pela fé, a pescará para a sua vida.

Quer encontrar o Amor da sua vida? Mentalize. Se você deseja ter um Amor na vida, existe alguém que deseja ter o seu Amor. Se assim não fosse, viveríamos num mar de frustrações.

Procura paz de espírito, felicidade, alegria? O depósito divino despachará para você. Faça a sua parte, use a palavra criadora. Deus fará a parte dele.

Com certeza, você estará sorrindo da singeleza dos meus conceitos. Mas, Jesus não disse que devemos ser simples como as crianças se quisermos alcançar o reino dos céus?

Já tentaram me contradizer colocando essa questão:

– Vamos que eu deseje a mulher do próximo, mas ela já está casada e feliz, então como fica? Tem mais alguma igual no depósito infinito?

Para simplificar a resposta, vou transcrever o que li no livro Instruções Esotéricas:

"Se o bem já não fosse nosso no reino invisível do suprimento, não poderíeis desejá-lo. Talvez alguém nos pergunte: supondo que eu deseje a mulher do meu vizinho, ou a propriedade dele: é este desejo nascido de Deus? E posso vê-lo satisfeito afirmando que é meu? Não podeis, de modo algum, desejar o que pertence a outrem. Não desejais a mulher do vizinho. Desejais o amor que vos parece ser representado pela mulher do vizinho. Desejais alguma coisa que encha o vosso coração, que implora amor. Afirmai que há, para vós, suprimento legítimo e superabundante e reclamai a sua manifestação. Ele há de vir certamente, e o desejo de possuirdes a mulher do vizinho terá desaparecido".

Aqui está mais um argumento para você acreditar que tudo tem solução.

Mais alguns conceitos

O que faz com que haja roubos, violência, assaltos, corrupção, tráfico e extorsões, é a ignorância. É querer tirar dos outros o que a pessoa possui dentro de si. A Fonte interna individual é inesgotável. A mina é perene.

A guerra deflagrada para apossar-se das riquezas de outros é fruto da estupidez.

Antigamente se dizia: "Si vis pacem, para bellum". Se queres a paz, prepara a guerra. Mas a paz não está na guerra, está no coração do indivíduo.

Todo ser humano é um deus capaz de ser tudo e ter tudo que faz parte de sua dimensão. A soma de todos os seres humanos vivendo na dimensão da deidade, isso faz a fraternidade universal.

– *Amai-vos uns aos outros como eu vos amei* – ensinou o Mestre.

Uel Stanley Andersen escreveu:

"No coração do homem iluminado, encontra-se

o conhecimento secreto que lhe permite nunca ficar à mercê das aparências imediatas: ele tem dentro de si o poder para modificar qualquer coisa através de sua identificação com o divino, através do conhecimento de que a mente que existe em seu íntimo é a mesma mente de todos os outros". (O poder da Energia Mental)

Quando a evolução alcançar a dimensão plena do ser humano, saberemos a verdade do grande pensador Confúcio:

"O homem superior busca em si mesmo tudo que quer; o homem inferior busca nos outros".

Não se preocupe se não chegou à compreensão de tudo. Será que alguém chegou a tanto? O maravilhoso é a gente entrar por esse caminho, observar as ideias, experimentar os frutos, alegrar-se com os avanços e festejar as vitórias.

Deus é Deus de todos e não apenas dos sábios.

Lembra aquela frase de São Francisco de Assis?

"Comece fazendo o que é necessário,
depois o que é possível
e, de repente, você se surpreenderá fazendo o impossível".

Acredite no milagre

Sim, o milagre existe. E não é exclusividade de Jesus. Ele mesmo confessou que tudo o que ele fazia, todos podem fazer:

"Aquele que tiver fé fará as obras que eu faço e fará obras maiores ainda do que estas". (Jo, 14,12)

Essa frase é transcendental. Revolucionária. Inimaginável. Nunca ninguém teve a ousadia de fazer tal afirmação. Se não tivesse sido dita por Jesus, seria o caso de colocar o autor da frase num hospital para paranoicos.

Mas foi Jesus que disse.

E o que fez ele ao longo de sua caminhada terrena? Serenou tempestades, multiplicou pães e peixes, curou cegos e surdos e mudos, libertou leprosos, deu vida a mortos, transformou água em vinho, deu ordem aos peixes para que viessem em grandes quantidades às redes de Pedro e companheiros, curou pela palavra a garota que estava à morte, fez aparecer dinheiro na guelra de um peixe para pagar o imposto do templo, enfim fez tudo que precisava ser feito.

Só para aguçar sua mente estupefata:

Imagine curar-se, em instantes, nesse momento.

Imagine-se recolhendo dinheiro de alguma fonte invisível e pagando impostos.

Imagine-se trazendo pães e peixes e comidas para sua casa ao simples estalar de seus dedos.

Imagine-se fazendo com que a felicidade e o amor inundem de alegria seu coração!

Pois, o curioso é que ele disse exatamente isso aí.

E agora?

Agora, eu sei, você deixa o dito pelo não dito e vai cuidar da sua vida. Como todos os conterrâneos planetários.

Mas ele disse. Que falou, falou. Não é pelo fato de não compreender a revelação que esta necessariamente seja falsa. Já dizia Galileu Galilei:

"A verdade é filha do tempo e não da autoridade".

Blaise Pascal, século XII, matemático, físico e filósofo, convertido do jansenismo ao catolicismo precisamente pelos milagres que observou e estudou, chegou a essa conclusão:

"O milagre é um efeito que excede a força natural dos meios que se empregam".

E acentuou que não é necessário conhecer todos

os recursos da natureza para saber que com um pouco de saliva não se cura um cego de nascimento e com uma simples palavra não se faz sair do sepulcro um cadáver.

Acreditar no milagre é acreditar que não existe impossível. Impossível é apenas uma forma de olhar através das limitações humanas.

A energia poderosa do milagre é a fé: ao pedir, creia que alcançará e assim será – garantiu Jesus.

Não olhe para o tamanho do seu problema, mas para o tamanho de Deus.

Você é a gota, Deus é o oceano.

Você é o grão de areia, Deus é a praia.

Você é a folha, Deus é a floresta.

Não existe obstáculo nem limites para Deus. E Deus é sempre a resposta. Não queira interferir na resposta. Deixe a Ele o que pertence a Ele. A você compete dizer o que quer, acreditar, não atrapalhar a ação divina, esperar, persistir e agradecer.

Bom demais para ser verdade?

De fato, muita gente exclama que é bom demais para ser verdade. Se você pensa assim, respeito sua palavra. Assim como era respeitável a palavra dos cientistas que afirmavam ser impossível ao homem alunissar e, no entanto, ele chegou lá. Assim como diziam que era impossível o homem voar e Santos Dumont derrotou essa descrença.

Mas suas elucubrações são respeitáveis, concordo. Não forço você a coisa nenhuma. Apenas sugiro, nesse caso, seguir o conselho do poverello de Assis:

"Comece fazendo o que é necessário,
depois o que é possível e,
de repente, você estará fazendo o impossível".

Você é duas vidas

Há um segredo que quero lhe contar: você tem, ao mesmo tempo, aqui nessa terra, duas vidas, uma conhecida, outra desconhecida. A desconhecida é a mais importante. Se você vive e morre sem saber da existência dessa dimensão desconhecida, terá vivido pela metade.

Existem em você duas vidas que se sobrepõem. Uma você a conhece bastante bem, com a qual está sempre em contato. Por essa razão, parece-lhe que é a única.

– Duas vidas?

Sim, uma é esta vida visível, palpável, aparente; é a vida do seu dia a dia; é a vida pela qual você vê, sente, anda, ganha, perde, é bafejado pela sorte, derrotado pelo azar, acha que pode fazer muita coisa e também que tantas outras coisas não consegue efetuar.

Quando você acorda, desperta nessa dimensão da vida. Ela responde aos seus atos, suscita alegrias, tristezas, estimula imaginações, molda seu modo de ser.

Esta é a sua vida comum, feita por você a cada instante, encaminhada por seu querer ou não querer, com seus altos e baixos, vitórias e derrotas, realizações e frustrações.

Você vive essa vida pensando que é tudo. E tem-se adaptado apenas a essa dimensão precária, por isso passa o tempo se queixando das desgraças, carências, doenças, infelicidades, frustrações. O Criador compreende seu sofrimento e revezes, mas só o que tem a lhe dizer é que vista a genuína vida que Ele fez para você.

Quando você sonha felicidade, busca autorrealização, quer amar e ser amado, alimenta ideais e projetos, está tocando as fímbrias da vida ditada pelo Criador. Mas não sabe, então não acredita que possa realizar tantos desejos maravilhosos.

Quando diz: "Eu quero ser feliz, ter um Amor na vida, viver em abundância, dormir em paz de espírito, ser positivo e otimista, ter capacidade de autorrealização, fomentar belas amizades ao meu redor" – sem saber, está se referindo a essa vida oculta, onde existe tudo isso e tudo o mais.

Sim, existe outra vida, correndo por fora, ou por dentro, esperando oportunidade, oferecendo encaixe perfeito entre sonho e realidade. Por sinal, é a legítima vida. Note bem que não me refiro à vida após a morte. Estou falando de uma vida desconhecida que existe aqui e agora em você.

Explico: existe a vida como você a está fazendo e a vida que Deus lhe deu. Deviam ambas serem uma só, mas não é o que acontece.

A sua vida moldada pelo Criador é imagem e semelhança divina, com qualidades divinas, imersa na felicidade divina, vivenciada pelo amor divino. É a vida que se manifesta através do poder e sabedoria existentes no âmago do seu ser. Em resumo, é a verdadeira matriz do ser humano. Você pode viver sob os moldes dessa matriz, como pode inventar outro modo de viver.

Pelo seu livre arbítrio, o pêndulo de suas decisões oscila segundo os conteúdos da sua mente. Quando toca a primeira dimensão da vida, toca a Sabedoria e o Poder, sentindo que é impulsionado por algo de cima. E então as barreiras se desfazem como pó.

Certa vez, li de Dario Lostado, uma frase inesquecível:

"Não podes ser mais, sempre tens sido e és o mesmo. O único que aumenta e cresce é a consciência dessa plenitude que já és, que sempre tens sido. Conhecê-la e vivê-la é o único crescimento".

Dario Lostado é professor de Filosofia e Psicologia, conferencista, autor de vários livros. Aprecia falar sobre o desenvolvimento da mente, o amor à Verdade e à Vida Plena.

Não existe acaso, apenas parece, porque somente agora reli essa frase do Lostado, frase que havia anotado, há muito tempo, de uma revista publicada em castelhano. E veja como ela casa exatamente com o que eu tento explicar a você. Essa vida, ou supervida, imanente no ser humano, é a legítima dimensão plena do homem. Ela existe, sempre existiu, mas só quem a conhece a pode vivenciar e quem a vivencia permanece no gozo da plenitude da vida.

Com certeza, era essa a verdade que o apóstolo Paulo quis dar a conhecer aos seus ouvintes e leitores:

"Para pedir ao Pai que ele conceda, segundo a riqueza da sua glória, que vós sejais fortalecidos em poder pelo seu espírito no homem interior". (Efésios,3,14-17).

Acho até que se poderia usar essa imagem do homem interior e homem exterior, referida por Paulo, para ilustrar o que estou explicando. O homem exterior é aquele com o qual você, eu, todos, estamos convivendo. É o próprio ser humano alheio a si mesmo.

Lau-Tsé, filósofo, alquimista, grande expoente do Taoismo, 1.300 antes de Cristo, mostra que era um iluminado, quando fez essa revelação:

"O que vai para fora depende das coisas exte-

riores. Quem vai para dentro, encontra em si tudo quanto busca. Infeliz de quem depende das coisas exteriores para viajar".

Por fim, poderia citar a sabedoria de Jesus Cristo, que, ao longo de sua jornada de redenção da humanidade, revelou que somos um com o Pai, e que o Pai habita o íntimo da criatura humana, e dessa comunhão resulta o Poder, a Sabedoria, a divindade e o reino dos céus dentro de cada um.

Então, o caminho é para dentro. No interior, produz-se a fusão benfazeja entre essas duas vidas que hoje funcionam em dissonância.

Enquanto a gente depende apenas do exterior para viajar nessa vida, o mundo evoluirá vagarosamente, à custa de muito empenho.

Toda essa colocação pode ser difícil de aceitar, mas escancara a diferença entre o sonho e a realidade, entre a felicidade e as frustrações. E aponta porque o mundo se depara com tanto sofrimento, miséria, injustiça, violência e desprezo pela vida do outro.

O Mestre revelou a verdadeira identidade humana, perdida na sombra obscura do tempo, mas a viagem de retorno às origens já está sendo feita. A distância parece inacessível, mas lhe digo que basta acender aquele fósforo especial e a escuridão dos milênios desaparecerá. Sim, basta acender a luz para que você e eu descubramos que já somos e temos o que buscamos.

Por enquanto, a luz está debaixo da mesa, como na parábola de Jesus. Mas está lá. Por cima só se veem fantasmas de gente perambulando. Ponha a luz sobre a mesa, como recomendou o Mestre, e verá sua realidade sem distorções, e descobrirá, para seu encantamento, que tudo é claro, perfeito, realidade pura. Eis o momento em que se encontrarão o homem exterior com o homem interior.

Esse momento extremamente evolutivo e redentor não se dará através de sacrifícios de animais ou humanos, de mortificações, de penitências, de severidade ascética, de quotas de orações e cultos, mas pelo reencontro entre você com seu próprio ser. E, então, maravilha das maravilhas, descobrirá o Pai no seu secreto, como revelou Jesus. Esse é reino dos céus aqui no planeta.

Muita gente vive e morre sem saber dessa dimensão da vida. Tão grave desconhecimento determina o tamanho do atraso da humanidade.

– Mas essa vida não existe – dirá você. – O mundo é complicado mesmo.

Pois é exatamente isso que a maioria dos seres humanos pensam. Nascem e morrem na ignorância. Como aquele que viveu e morreu na miséria, sem saber que debaixo dos seus pés havia uma mina de ouro.

– Como entrará em contato com essa dimensão da vida?

– Pelo Conhecimento. Com maiúscula. Diz a sabedoria latina: Nihil vólitum nisi praecógnitum. Ninguém quer o que não conhece. Agora você está pelo menos desconfiando de que a vida é essencialmente bem melhor do que aquilo que lhe acontece. Esse é o primeiro passo. E perceberá que não somos perdizes extraviadas no campo. Temos uma origem sábia, um destino traçado de Pai para filho, somos regidos por Leis universais, portanto basta conhecê-las para acertar o caminho.

As Leis universais são ditadas pelo Criador. Se não houvesse essas Leis, poderíamos saber o destino, mas não saberíamos como chegar lá. Hoje, por exemplo, você quer ter uma casa, mas não sabe como. Aquela mulher quer a cura do câncer, mas, apesar dos esforços, a situação está se deteriorando. Há conflito entre desejo e realização. Quer uma coisa, mas acha que não vai conseguir. Essa atitude está afrontando uma Lei universal que se chama Lei da Fé. Você já leu sobre isso acima.

As Leis universais apontam o caminho

Já conhecemos várias Leis universais. Com essas, temos possibilidade de encaminhar a vida nessa dimensão desconhecida.

Existe a *Lei de que cada um colhe o que semeia*. Várias vezes Jesus se referiu a essa Lei. Não se colhem figos de espinheiros. Nada cai do céu. Tudo que acontece é efeito de uma causa correspondente. Toda árvore boa produz bons frutos e toda árvore má produz maus frutos.

Aquilo que o homem semear, isso também colherá – escreveu o apóstolo Paulo aos gálatas.

A Lei de Causa e Efeito também é universal e sempre se autocumpre. Significa que tudo que você pensa, fala, deseja, ou faz, é exercício de seu ato criador e, por ser ação criativa, produz o resultado correspondente. Este resultado se chama efeito. Por exemplo, se bebe água (causa), mata a sede (efeito); se deixa de respirar, morre.

Por outro lado, avançando mais, a doença é um

efeito, portanto deve ter uma causa, uma vez que nada vem do nada. E se é você que está enfermo, você é a causa. Não quer dizer que tenha desejado seu mal, ou que seja culpado, nem que seja castigo, e nem significa que você tenha necessariamente feito propositadamente.

Causa e feito são inseparáveis. Esta é uma boa notícia, porque, mudando a causa, mudará o efeito. Mude a causa do seu mal, isto é, crie a causa do bem, e o bem substituirá o mal, ou seja, o fará desaparecer, porque a nova causa produzirá o efeito da sua essência.

A Lei do Retorno – Tudo que você pensa, fala, deseja, ou faz, acontece em primeiro lugar em você e retorna multiplicado. Significa que o bem multiplica o bem, o mal multiplica o mal. Um dos grandes equívocos da humanidade é imaginar que o descaminho possa levar ao caminho. Impossível.

A Lei de que o Semelhante atrai o semelhante, ou seja, os iguais se atraem, já é bastante conhecida. O pensamento atrai o conteúdo do pensamento. Você é o que pensa. O pensamento é a essência que se reveste da forma.

Fantástica é a *Lei da Fé*, por sinal, bem explicada nessa obra: O que você espera que aconteça, acontece.

Também já foram mencionadas a *Lei universal da*

Saúde, a Lei da Riqueza, a Lei do Amor.

Basta o conhecimento dessas Leis para você saber o caminho simples e maravilhoso da vida.

Você está percebendo que a vida e o universo são regidos através de Leis perfeitas, imutáveis, positivas, benéficas e prazerosas. Desse conluio, interfusão e interação cósmica, ditados sabiamente pelo Criador, fica evidente que a Criação é una e a maneira de estarmos gozando desse fluxo, influxo e refluxo energético, chamado amor, é nos mantermos dentro desse inescrutável e amoroso oceano cósmico, cuja Fonte é Deus.

Aí está o porquê da necessidade urgente de conhecer as regras do jogo, ou seja, as Leis da vida. Ignorar esse caminho é enveredar por descaminhos que só trazem mal-estar e tristeza.

Solução contra o cupim da depressão

Por certo, já ouviu falar do minúsculo bichinho chamado cupim, que corrói madeiras, com isso afetando a solidez, a defesa e a estrutura de uma árvore, casa, móvel, artefato. Devagarzinho, esse quase invisível inseto arruína tudo que vem pela frente. Tempestades, ventanias, chuvas, neves, não conseguem fazer o estrago que esses desconhecidos e silenciosos bichinhos fazem nas construções, madeiras e plantas.

Havia um grande pinheiro que dominava sobranceiro a floresta e se gabava de resistir a todo tipo de vendavais. Um dia, porém, o pinheiro caiu, derrubado pelo insignificante cupim. Este bichinho danado e danoso não faz enfrentamento como uma avalanche de neve ou como uma tempestade que junta todas suas forças e repentinamente se abate sobre a vítima, também não ataca com o ímpeto de uma bomba atômica, mas vai penetrando sorrateiramente, silenciosamente, pacientemente, até que ocorra a implosão desastrosa.

Assim acontece com a tristeza. Alguém disse algo em seu desabono aqui, um conflito em casa de manhã cedo, uma frustração à noite, um casaco bom que se rasgou ao trancar o bolso no trinco da porta, o café frio, uma crítica injusta, a viagem que falhou, o negócio que deu prejuízo, o marido mal-humorado, a mãe doente, a noite mal-dormida, a alergia, a tosse, o domingo solitário, o noticiário violento, a novela corroída por ciúmes e traições, o vestido desbotado, o cabelo mal penteado, uma ruga no pescoço, o namoro desfeito, o casamento sem emoção, o sermão das culpas, e mais isso e mais aquilo e todas essas insignificantes e minúsculas corrosões vão minando a alegria e vai avançando o cupim da tristeza destruidora. Assim é hoje, amanhã, a semana toda, os meses seguintes - e a tristeza já cobre seu rosto, domina seus dias, seus prazeres estão sumindo, nada satisfaz, o negativismo é a resposta pronta, a vontade de ficar deitado é a fuga mais simples da realidade, enfim o cupim inundou a alma e a depressão chegou. Sim, não houve nada de especial para esse desânimo todo que desabou sobre você.

Agora você já não está triste, você é triste. Esse estado de alma não é mais circunstancial, mas existencial.

Solução?

Claro, tudo tem solução.

Nesse momento da vida você anda tão desenxabido e sem ânimo que sequer vê luz no fim do túnel. A imagem que tenho da depressão é o buraco negro, a escuridão. Mas, escuridão nada mais é que ausência de luz. Acenda uma vela, adeus escuridão, mesmo que seja de milênios. Já foi dito. Acenda uma lâmpada e o buraco negro da alma se transforma em linda gruta.

Você pode agora mesmo acender a vela do pensamento positivo e da alegria.

Muitos me dizem:

– Como posso pensar alegria se estou triste?

Ora, pensar não é carregar peso, nem nadar contra a correnteza, nem mesmo forçar exercício físico.

Pensar é apenas pensar. Mas esse apenas pensar encerra em si o poder criador divino. Mesmo deitado, pense, pense, mentalize:

"Tudo que sou eu criei. Mas, isso é passado. O que penso agora, começo a me tornar. Desde já quero ser alegre e feliz, por isso inundo minha mente de alegria, alegria, felicidade, felicidade. Eu sou alegre e feliz, eu sou alegre e feliz, eu sou alegre e feliz..."

A repetição é como dínamo gerador de energia. Imagine-se alegre e feliz. Relembre momentos de muita alegria na sua história. E diga e repita quatrocentas vezes para si mesmo:

"Eu sou alegre e feliz!"

Lembra-se da frase de São Francisco de Assis?

"Comece fazendo o que é necessário,

depois o que é possível e, de repente,

você se surpreenderá fazendo o impossível".

Agora, crie um pouco mais de coragem e leia um livro sobre Poder da Mente para fortalecer seus pensamentos e gerar fé na transformação anímica. Verá que o milagre já passa a acontecer. Ao mesmo tempo, deixe de ouvir queixas dos outros, se possível, desative programas negativos e depreciativos, não frequente círculos que nada oferecem de benfazejo.

Diz a sabedoria latina: "Contraria contrariis curantur". O contrário se cura com o contrário. Tristeza se cura com alegria. Depressão se cura apondo-lhe doses maciças de alegria de viver.

A solução é reverter o quadro.

Agora é tarde? Não!

São cerca de sete bilhões de pessoas vivendo nesse planeta e cada uma tem sua própria história de vida, fruto da família, da escola, da religião, dos veículos de comunicação, dos amigos e colegas. Esse oceano imenso flui e reflui sobre sua mente, sua personalidade, seu modo de ser, suas ações e reações.

Cada ser humano reage à sua maneira aos mais diversos aspectos da vida. A soma de tudo que foi recebido na vida formou a personalidade e essa empreitada prossegue ainda hoje. Uns se deixam levar pelas ondas e são instáveis, desequilibrados, emocionalmente incontrolados, de tal forma que vivem causando confusões e apagando incêndios que eles mesmos criaram. Numa conversa, num encontro, numa festa, num negócio, numa intimidade, quando se dão conta, trocaram os pés pelas mãos, gritam, ofendem, acusam, fazem o diabo. Algum tempo depois, no retorno ao estado normal, só conseguem exclamar: "Agora é tarde! O estrago já está feito, agora é tarde!" E, assim, de episódio em episódio, vão perdendo amigos, se tornando indesejáveis, empurrados para uma solidão desagradável. Às vezes, o resultado é o desemprego, o casamento destruído, o dinheiro evaporado, e outras consequências funestas.

Ninguém quer ser assim. Mas, acham que são assim e pronto. Alegam que é coisa de temperamento, que puxaram ao pai, que sempre foram assim, e nada fazem para melhorar esse padrão de comportamento. Acham que pau que nasce torto morre torto.

Ocorre que o ser humano não é madeira, é gente. E, como gente, tem inteligência, memória, capacidade e poder criador. Pode mudar sua personalidade, suas crenças, seus ímpetos, suas ações e reações. Pode dominar suas atitudes. Pode criar qualidades. Pode ser como deseja.

Tudo tem solução.

Mas, como?

Simples. Assim como sua personalidade é o resultado de tudo que sua mente captou ao longo do tempo, da mesma forma, pela mesma razão, pode agora conscientemente gravar na mente as qualidades que desejar. Como dois contrários não podem subsistir, quando gravar no subconsciente que é uma pessoa ponderada e de bom senso, ao mesmo tempo desaparecerão as atitudes contrárias.

Se você é pessoa impulsiva, que primeiro age e

depois pensa, mentalize que é calma e que primeiro pensa tranquilamente para depois agir. Tudo que o subconsciente aceitar como verdade, torna-se verdade na pessoa. Por outras palavras, o mundo que se cria na mente, faz a vida, a personalidade, a verdade e a realidade do indivíduo.

Veja como é simples você possuir qualidades e valores intrínsecos, que traduzem sua maneira de ser.

Quanto mais repetir uma qualidade, quanto mais fundo e detalhado incutir uma imagem em si mesmo, mais fortemente ela se gravará e mais rapidamente fará parte do seu novo modo de ser.

As pessoas que você conhece com equilíbrio emocional e discernimento, são assim porque assim se fizeram através desses métodos que lhe proponho.

Conheci uma moça que era detestada. Todo mundo fugia de sua companhia, porque era fofoqueira, criadora de caso, causadora de intrigas e não se pejava de falar de Deus e todo mundo. E o pior é que se queixava de que as pessoas eram soberbas, intratáveis e mesquinhas, porque a evitavam. A moça não se flagrava que era ela que afastava os outros. Muita gente é cega.

Examine-se. Se perceber que tem esse costume negativo, acredite que pode mudar e que vale a pena. Não é contando segredinhos de uns e outros que você vai angariar amigos e amigas. Pelo contrário, até seus amigos se afastarão, por um simples raciocínio: Assim como fala dos outros a você, falará de você aos outros.

Mentalize: "*Eu sou uma pessoa agradável, sincera e positiva. Só falo coisas boas. Eu sou uma pessoa calma, ponderada, de bom coração. As pessoas gostam de estar comigo, de conversar comigo, de sair comigo, porque só falo bem de tudo, de todos, e jamais revelo algo que desabone alguém. Nunca criarei desentendimentos e conflitos, pelo contrário sempre procuro manter-me na mais perfeita calma. Tenho admirável equilíbrio emocional. Agora sou assim e gosto de ser assim. Hoje e sempre*".

Não raro, você se vê diante de desafios inesperados. É colhido de surpresa e seu equilíbrio emocional pode ir por água abaixo.

Faça assim:

Primeiro: conte até 20 ou reze um Pai Nosso silenciosamente.

Segundo: Lembre que é pessoa calma, ponderada e positiva. Não entre em onda agressiva e maldosa.

Terceiro: Domine a situação mentalmente para não dizer ou fazer algo apressadamente e sem discernir.

Quarto: esboce um sorriso, pois ele é elo positivo de ligação e pode desanuviar o momento. Criar ambiente de boa vontade é importante.

Quinto: ouça com atenção e benevolência.

Sexto: surpreenda, mostrando boa vontade e

compreensão.

Sétimo: Se não há possibilidade de chegarem a um ponto comum, convide a tratarem do assunto num outro dia, alegando que necessita sair, tem compromisso, ou avise que nesse momento, ou com esses dados, não tem condições de ajudar na análise da questão proposta, ou do conflito. Sempre mantenha atitude positiva. E respeite o outro, seja como for. Diz a sabedoria que se apanha mais moscas com uma gota de mel do que com um barril de vinagre.

Benjamin Franklin, (1706-1790), foi jornalista, editor, autor, filantropo, abolicionista, funcionário público, cientista, diplomata, inventor, e um dos líderes da Revolução Americana.

Disse ele:

"Aquele que tiver paciência, terá o que deseja".

Aqui está a solução para que sua vida seja como você quer e para que tenha um método de agir e reagir positivo e ficaz. Tudo tem solução.

Mas a morte tem solução? Tem!

Dizem que tudo tem solução, menos a morte. Não concordo. Em primeiro lugar porque a morte não existe. É apenas uma ilusão entre duas dimensões da mesma vida. Como a vida não é o corpo, mas o espírito, este, por sua essência, é imortal. Espírito não morre. Não tem como morrer. Se não morre, está vivo, se está vivo tem solução.

Se a vida vai se fazendo e se a vida é decorrência de plantação e colheita, basta semear a boa semente nessa vida para que a colheita, nesta vida ou na sua continuidade, seja previsível e conhecida.

Se hoje você é pessoa alegre, feliz, positiva, justa, amável, amorosa, agradável, continuará assim na seguinte etapa existencial, porque a vida não tem solução de continuidade.

Se nessa vida você for amargo, cruel, violento, explorador, injusto, aproveitador, terá que colher os resultados funestos. Muitos vivem como se fossem donos da vida, da humanidade, do universo e de Deus.

Fazem o que bem entendem, corrompem, roubam, mentem, inventam, em nome de interesses pessoais, pensando que, neste mundo, quem pode mais chora menos. Entenda que essa é a pior demonstração de ignorância. Mas a ignorância não livra ninguém das Leis Universais criadas pelo Infinito para o funcionamento da humanidade e do universo. Até a sabedoria secular descobriu que "aqui se faz, aqui se paga", "quem com ferro fere com ferro será ferido", "cada qual colhe o que semeia", "Deus não joga mas fiscaliza", "a plantação é livre, mas a colheita é obrigatória", e outras frases pitorescas que, bem ou mal, apontam algum ensinamento sobre essa verdade.

Como foi dito, as Leis cósmicas são simples, claras, imutáveis, sempre se autocumprem. Se você colocar a mão fogo, ela queimará, não importa se você ignorava a existência daquele fogo, ou se era amigo do fogo, ou se adorava o fogo, ou se era contra o fogo. Queimará. É a Lei.

O futuro nada mais é do que efeito do passado. O amanhã é resultado do hoje. A Lei de Causa e Efeito é Lei universal. Toda causa exige necessariamente seu efeito correspondente, já foi falado.

Mas, tudo tem solução. Na outra vida terá que descontar suas arbitrariedades e prejuízos causados a si, aos outros e ao universo.

Mude de atitude ainda nesta vida, isto é o melhor que pode fazer. Pense o bem, fale o bem, deseje o bem, faça o bem. Festejará bela colheita.

O supremo bem é a suprema perfeição e a suprema perfeição é o amor, o prazer, a felicidade, a saúde e a abundância.

A solução é o Caminho. Pelo descaminho nunca chegará ao Caminho, volto a repetir.

O milagre do perdão

Mas, se você já fez o mal, se prejudicou pessoas, se explorou, se caluniou, se fez o diabo, então como é que fica?

Isso também tem solução. E a solução é, antes de tudo, perdoar-se a si mesmo.

Prefere libertar-se da carga inútil ou carregá-la pelo resto da vida?

E se o problema é o outro?

Nesse caso, jamais guarde rancor, porque esse fogo devorará você. Se responder ódio com ódio, roubo com roubo, mentira com mentira, injustiça com injustiça, cairá no mesmo poço.

A mente e o coração afetivo devem estar livres, cristalinos, saudáveis, positivos, otimistas, irradiando compreensão e fraternidade.

Perdão é coisa para fortes e inteligentes. Os fracos e ignorantes não perdoam, preferem viver estraçalhados pelo ódio.

Perdão é saúde, é liberar as energias dos chacras, é iluminar o coração. Perdoe e vá dormir sossegado, sem se preocupar com a cabeça do outro.

Tudo tem solução. Perdoar é simples. Basta uma palavra e um sentimento.

Uma das maneiras mais diretas e fáceis de perdoar é orar pelo ofensor. Colocando-se na esfera espiritual, o Infinito acalma, alivia e alegra o coração.

A dor da perda tem solução? Sim.

Muitos dizem que jamais se poderá esquecer e aliviar a dor da perda de um filho. Há psicólogos e literatos que afinam por esse mesmo diapasão. E eu digo e provo que estão enganados. Tudo tem solução. Está comprovado cientificamente que essa dor pode ser esquecida e até eliminada.

Uma das palavras mais tristes do dicionário do coração é o vocábulo luto. Sinto um engulho na alma cada vez que ouço essa palavra. Parece que o sol desabou, deixando no rasto a noite da tristeza.

Quando meu pai morreu, sugeri à minha mãe que não usasse roupas pretas, pois recrudesceriam os sentimentos de tristeza e de saudade. Mesmo afeita às tradições antigas, ela seguiu meu conselho.

Por que lhe fiz esta recomendação? Simplesmente porque a dor e o sofrimento da perda devem ser apagados o mais rápido possível da alma, sob pena de se transformarem em enfermidade física, além de anular preciosos espaços de vida. Com isso, não estou menosprezando e nem desrespeitando a dor incomensurável da perda de um filho, mas apenas me reportando a uma verdade que não pode ser descurada. Dor, sofrimento, tristeza, luto, são energias negativas, embora expressem sentimentos verdadeiros. São avisos da vida para que sejam tomadas medidas de autolibertação. Se, no entanto, perdurarem, abrirão caminho para a enfermidade.

– Impossível apagar essa realidade – dirá alguém.

Não são os acontecimentos que nos angustiam – dizem os sábios – mas a opinião que temos sobre os acontecimentos. É por isso que, diante da tragédia da Kiss, em Santa Maria, as atitudes individuais variaram, tanto em intensidade quanto em significado. Há os que se voltaram para Deus; os que não conseguiram aceitar o imutável; os que buscaram amparo; os que lutaram para seguir a caminhada.

Assim acontece com todas as tragédias e perdas.

Os sentimentos dependem dos pensamentos e os pensamentos estão assentados na visão interna de cada um.

A criatura humana, em suas origens, possui dimensões e condições que a colocam acima de qualquer tragédia. No entanto, se deparará com duas opções: ou será um avião em terra, fustigado pela tempestade, ou sobrevoará as nuvens turbulentas em voo de brigadeiro.

O ser humano, emergido do Criador, feito do molde divino, é um todo harmonioso, com poder de superar qualquer embate da vida.

Se a dor fosse uma energia superior à felicidade, Deus teria cometido um equívoco inaceitável. Mas, na verdade, felicidade é essência, dor é contingência.

Sófocles, (496-406 AC), dramaturgo grego, um dos mais importantes escritores de tragédias, com 120 peças, já dizia:

"De todas as maravilhas do mundo, o homem é a maior".

Pierre Teilhard de Chardin, (1881-1955), teólogo, filósofo, paleontólogo, padre jesuíta francês, descobriu:

"Não somos seres humanos com experiência espiritual, somos seres espirituais com experiência humana".

Por outro lado, infelizmente, também estava certo Albert Camus quando lamentava:

"O homem é a única criatura que se recusa a ser o que é".

Albert Camus, (1913-1960), foi jornalista, escritor, romancista, ensaísta, dramaturgo e filósofo francês.

Albert Camus chama a atenção para a tendência de o indivíduo diminuir-se, apequenar-se, e entregar as armas diante de uma desgraça.

Mergulhados no autoabandono, alguns dizem que a dor de uma tragédia jamais será aliviada. É como o afogado que só vê e sente água por todos os lados e não imagina que logo acima de sua cabeça possa haver ar e vida.

Quando digo que a dor pode e deve ser substituída pelo amor, que a desgraça pode ser substituída pela graça, não estou negando o sofrimento e nem diminuindo o esforço que a pessoa desenvolve para reencontrar a alegria da vida. O que quero dizer é que logo acima, em outro nível, mental e espiritual, não raro desconhecido, há ar, há vida, há luz, há amor, há paz de espírito.

A ciência já desfez o equívoco daqueles que pontificam que a dor de uma tragédia jamais poderá ser esquecida, como verá logo adiante. Mas, como somos o que pensamos, assim será para essas pessoas. Não se trata de destino insuperável, mas de crença. Essa verdade interior pessoal é aceita pela mente subconsciente, que confirmará na realidade o conteúdo da crença. No entanto, toda crença pode ser revertida.

O Rei Davi, mil anos antes de Cristo, dizia:

"Aquilo que o homem pensa com todo fervor, aquilo ele é".

Catherine Ponder, pensadora e escritora, acrescentou algo importante:

"Seus pensamentos fizeram você como é; e seus

pensamentos farão de você o que será daqui por diante".

Catherine, considerada uma das principais inspiradoras do pensamento positivo na América, avisa que a vida é hoje, aqui e agora, pouco importa o tamanho do passado sofrido.

Os pensamentos e crenças, alimentados a partir deste momento, farão a sua realidade. Talvez valha aqui aquela verdade:

Acenda um fósforo e estará eliminando a escuridão de um milhão de anos.

Apenas um fósforo. Um minúsculo fósforo. Apenas um pensamento. Acenda um pensamento positivo e ele começará a aquecer e iluminar seu coração. Acenda o fósforo do amor e não do ódio, porque este destruirá todos os fundamentos da felicidade e da saúde.

Retrocedendo a mais de 500 anos antes de Cristo, ouviremos, do filósofo e sábio Heráclito de Éfeso, o seguinte:

"Ser sábio consiste em saber que o pensamento governa todas as coisas".

Eliphas Lévi, pseudônimo do escritor e ocultista francês Alphonse Louis Constant, (1810-1875), escreveu:

"O pensamento humano cria aquilo que pensa".

Lévi está afirmando: Tudo que você cria na mente torna-se realidade na sua vida.

Assim como o pensamento pode afundar a pessoa, pelo mesmo poder tem ele o condão maravilhoso de criar nova vida, novo destino, nova caminhada.

Que são a esperança e a fé senão pensamentos poderosos que fazem a realidade?

"Fé – segundo o Mestre – é crer firmemente na realização da sua palavra".

E o maior sábio que já pisou este planeta assegurou que a palavra de fé remove montanhas e tudo alcança. Está ele afiançando que existe uma receita capaz de matar a dor e a desgraça, por mais agudas e profundas que sejam: a palavra de fé, o pensamento acreditado, o desejo resoluto.

Não somos condenados a coisa nenhuma, a não ser que fiquemos mergulhados e travados na História.

Essa verdade de que temos força e poder de mudar a vida, é sacramentada também pelos cientistas, conforme você lerá a seguir.

Cientistas mostram como esquecer a perda

Pesquisa publicada na revista SCIENCE indica que o hipocampo, área do cérebro ativada no resgate de memórias, fica inativo quando se tenta esquecer algo, ao passo que o córtex cerebral, região associada à inibição motora, mostra atividade intensa. Significa que, quando se quer esquecer um mal e se determina mentalmente que esse mal desapareça e seja esquecido, a parte da memória, que mantinha o quadro sofrido, entra em inibição, atendendo à ordem consciente; ao mesmo tempo, a parte do córtex cerebral, que deve inibir a memória, entra em atividade intensa para cumprir essa tarefa.

Como exemplo dessa pesquisa, pedia-se às pessoas que evitassem lembrar uma palavra, e o resultado era que ficava mais difícil lembrá-la mais tarde.

Michael Anderson, professor de Neurociências Cognitivas da Universidade do Oregon, e autor principal desse estudo, explica:

"Isso sugere uma base neurológica sobre como as pessoas podem realmente tirar qualquer coisa da cabeça".

Essa, como escrevi, é a boa notícia para quem se debate na fixação de uma história de tremendo impacto emocional. Lembre, mais uma vez, o que disse o Dr Michael Anderson:

"As pessoas podem realmente tirar qualquer coisa da cabeça".

Complementando essa notícia, o Dr. David Spiegel, professor especialista da disciplina de Psiquiatria e Ciências do Comportamento, da Escola de Medicina de Stanford, Estados Unidos, disse que buscar pensamentos diferentes é o primeiro passo para esquecer algo que não se quer lembrar. Segundo ele, o estudo confirma a noção de que as pessoas conseguem suprimir lembranças traumáticas.

Eis aí o primeiro passo essencial para a cura do sofrimento: mudança de ideia, de sentimentos, de imagens, de memórias, de vida. Graças a Deus, essa constatação é tudo que pode almejar quem anseia, de todo coração, livrar-se o quanto antes da revivescência de uma tragédia.

Cada vez que você lembra uma tragédia, a está recriando. A ferida se reabre. A cura se afasta.

Tempo também é remédio

O tempo é um grande remédio para as desgraças da vida.

Será que cura mesmo? Será que dar tempo ao tempo é processo de cura?

O famoso escritor francês Victor Hugo, (1802-1885), novelista, poeta, dramaturgo, ensaísta, artista, estadista, político, tem uma frase interessante sobre o tempo:

"O tempo não só cura, mas também reconcilia".

Hipócrates, médico grego, (460-370 AC), considerado o "pai da medicina", era membro de uma família que durante várias gerações praticara os cuidados da saúde.

Disse ele:

"A cura está ligada ao tempo e às vezes também às circunstâncias".

Afirmou o consagrado filósofo romano Sêneca, (4 AC-75 DC), um dos mais célebres advogados, escritores e intelectuais do Império Romano:

"O tempo cura o que a razão não consegue curar".

O tempo pode ser um mestre, um amigo, um aliado, como avisaram os pensadores citados, se a pessoa acreditar que tudo tem conserto e alinhar seu pensamento nessa verdade interior. Pode, porém, não aceitar a mão estendida do tempo e permanecer agarrado ao passado. Nesse caso, o tempo se torna malfeitor. Teimará em revolver a ferida, obscurecer a mente, endurecer o coração e apagar o futuro.

A decisão é sua. Seja inteligente, não rejeite essa luz porque ela estará iluminando, ainda que vagamente, a escuridão do seu túnel.

Gostaria de lhe explicar a relação entre corpo-mente-espírito-saúde-matéria-doença.

Veja como ocorre o processo:

Uma tragédia atinge o indivíduo através da mente, que é a sede do conhecimento. Por sua vez, a mente faz a síntese do evento e decide se o conduz para cima, às dimensões do espírito, ou para baixo, ao submundo interior.

Explicando melhor: a mente, de posse do fato, o reporta ao espírito, que é a dimensão mais alta do ser humano, ou o joga para baixo, para o inferno astral.

Quando a dor da perda sobe às regiões da Luz, se transfigura e penetra os portais da paz, da resignação e da superação.

Quando a dor desce ao submundo das sombras, a mente fica obscurecida, gerando inconformação e revolta.

Na região da Luz – recebe os eflúvios do amor e a saúde se fortalece.

Na região das Sombras – a energia vital se abate e a saúde se esvai.

É sabido que, quando a alma adoece, o corpo adoece junto. Não é por nada que os estudiosos afirmam que o luto prolongado gera estresse, o estresse enfraquece o sistema imunológico e este é porta aberta para o câncer, enfartes, resfriados, herpes e outros males citados por especialistas. Nesse estado de debilidade física e emocional, os órgãos mais fragilizados não resistirão.

O estresse psicológico leva o cérebro a liberar os hormônios da adrenalina, noradrenalina e cortisol, os quais, quando persistentes, acabam minguando as defesas, daí resultando enfermidades.

Louis Pasteur, (1822-1895), foi um dos primeiros cientistas a demonstrar a ligação do estresse com o enfraquecimento do sistema de defesa orgânica.

Talvez você tenha ouvido falar do Dr Juan Itzig. É professor da Universidade de Biogerontologia de Maimonide, Argentina.

Diz ele:

"Cada pensamento gera uma emoção e cada emoção mobiliza um circuito hormonal que terá impacto nos cinco trilhões de células que formam o organismo".

Já tenho lido que são cerca de 100 trilhões de células.

Continua o especialista:

"Aprendendo este alfabeto emocional, lograremos viver mais tempo e melhor, porque o "sangue ruim" (muito cortisol e pouca serotonina) deteriora a saúde e oportuniza doenças e acelera o envelhecimento".

Frederick Bailes, no seu livro "Poder Oculto para Problemas Humanos", escreveu:

"A primeira coisa que o homem deve saber é que o indivíduo pensa não só com seu cérebro, mas também com todas as células do seu corpo. Cada célula é um centro de inteligência. A célula é apenas um receptor. A pessoa que trabalha sob o estímulo da irritação envia ondas de natureza inflamatória que correm ao longo dos condutos nervosos para todas as partes do corpo. Está expressando a imagem originária da irritação. Todo tipo de pensamento tem que encontrar saída por alguma parte. Estas ondas mentais irritantes, ao banhar as células, transmitem suas próprias qualidades a essas células, que não podem oferecer resistência. Este processo diário contínuo sobre elas gradualmente irrita, depois inflama e finalmente destrói a mucosa do estômago. O resultado é a úlcera..." (p 47).

O Dr Bailes, (1889-1970), neozelandês, teve diabetes muito grave e, graças aos seus estudos a respeito da ação da mente sobre o corpo, ficou curado. Foi professor em Ciência da Mente e autor de vários livros: Your Mind Can Heal You; Basic Principles of Science of Mind; Hidden Power for Balanced Emotions; Hidden Power for Human Problems; Healing the Incurable; e outros clássicos da Ciência Mental.

Aproveito para citar, ainda, o Dr. Bernie Siegel, (1932), médico, professor universitário norte-americano, autor de vários best-sellers.

Escreveu:

"As emoções estão em todas partes do corpo e não apenas no cérebro. São expressas pelo corpo e são parte do corpo." (Paz, Amor e Cura)

O grande cientista brasileiro, Dr Osvaldo Cruz, (1872-1917), disse, certa vez:

"Não há vantagem alguma amargurar com lágrimas prolongadas os tão curtos dias de nossa existência".

O luto de seis meses, ou mais, produz efeitos lamentáveis sobre a saúde física e mental.

O médico, professor universitário e escritor, Dr Bernie Siegel, já citado, em seu livro "Amor, Medicina e Milagre", reconheceu:

"Estudos recentes confirmam que cônjuges enlutados ficam com o sistema imunológico deprimido por mais de um ano. Outras pesquisas demonstraram que todas as tensões não dominadas dentro de um dia diminuem a eficiência

das células que combatem a doença". (P 98).

Esse meu diálogo amável com você é uma maneira de lhe desejar saúde e felicidade. Eu sinto com você a dura situação que tem obscurecido seus dias, mas, pelo amor e carinho que lhe dedico, estou escrevendo esses detalhes, nem sempre conhecidos, para que faça o melhor esforço no sentido de vencer a batalha contra o desânimo e a revolta. Sinta-se como o time que está perdendo, quase derrotado, mas, de repente, arranca de si mesmo vigorosas forças latentes, faz uma partida fenomenal, e vence o inimigo.

Quero lhe dizer que, por mais razão que tenha, por mais justa que seja sua causa, mesmo assim você está no caminho da doença, se não der a volta por cima. Todo sentimento cáustico corrói a alma e o corpo.

Como solucionar a perda do emprego

Um dos grandes problemas dos dias atuais é o desemprego. Como pode viver alguém sem dinheiro? Sem ter mais nenhuma fonte de recursos, como pode sustentar a família? Pagar estudos? Saldar dívidas? Comprar remédios?

O mundo de hoje funciona através de trocas. Uma das trocas é seu trabalho pelo salário. Salário é dinheiro. Mas, se não trabalha ou não consegue trabalho, de onde virá o sustento?

Eis uma questão muito séria. Tremendamente séria.

Vamos pensar a solução. Já que tudo tem solução. Sim, tudo tem solução, porque vivemos num mundo de dualidade: tudo que você deseja, ou necessita, existe, é seu, e está esperando por você. Já foi falado. Se você quer um trabalho, existe um trabalho para você. Se deseja tantos reais, esses existem. Não há nada que você queira que não exista. A questão é fundir o desejo com a realidade material do mesmo. Alcançar um objetivo é isso: transformar o desejo em realidade, fundir a substância mental na forma física.

Qual é o caminho?

Primeiro, responda:

Qual é sua missão no planeta?

Quais são suas aptidões?

Qual é a atividade que lhe propicia mais satisfação e prazer?

Esse é o primeiro passo para chegar ao seu emprego, ou seja, à sua atividade ideal. A não ser por necessidade emergencial, não se lance a um trabalho que não goste, que lhe cause desprazer ou mal-estar, porque será feito com má vontade e você acabará sendo despedido. O desajuste entre seu sentimento e sua atividade será diariamente tão atritante a ponto de causar sua demissão ou seu próprio pedido de dispensa.

Buscar um trabalho que não aprecia, mas o aceita apenas porque o salário é grande, não vai dar certo. O desgaste emocional e o estresse farão estrago em você.

Talvez você diga que gostava do que fazia, mas, mesmo assim, foi mandado embora. Nesse caso, analise o seu comportamento na empresa: era competente? Cumpria as horas de atividade? Mantinha bom relacionamento com os demais colegas? Possuía espírito de colaboração? Oferecia sugestões para melhorar a performance da empresa? Tinha disposição de fazer algo mais do que a obrigação?

Um ótimo jogador de futebol, por exemplo, com péssimo comportamento, pode contaminar o grupo – será dispensado.

Um ótimo goleiro, ou atacante, ou volante, ou meia-cancha, que atrai companheiros para noitadas e indisciplinas – será vendido.

Veja por que você foi dispensado e aprenda a lição. A vida é a melhor escola. Não se queixe, aprenda.

No período de desemprego, continue a especializar-se, assim estará acumulando condições de ganhar mais. É como se estivesse guardando dinheiro no Banco de Crédito para retirá-lo mais tarde. Ao mesmo tempo, mentalize a atividade dos seus sonhos, ponha detalhes na sua imaginação, e envie a mensagem mental ao cosmo. Será captada por quem esteja em busca de uma pessoa como você.

Aproveite o tempo para mandar currículo. Converse com pessoas de sua profissão. Acredite. Pensamento positivo.

Nunca vá em busca de um emprego com cara de defunto, a não ser que deseje ser coveiro.

Também evite convencer alguém a lhe dar emprego por pena da sua situação. Empresa não é casa de assistência social.

Seu argumento seja a competência e a vontade de produzir, dando o melhor de si. Ninguém será contratado se produzir menos do que ganha. É óbvio. E, uma vez empregado, evolua, cresça, aprenda mais, renda mais.

Um dia, um senhor me pediu conselho, dizendo que estava num emprego que não gostava, mas precisava dele por causa do salário.

Minha resposta:

– Continue nesse trabalho com dedicação – estão lhe pagando – e, ao mesmo tempo, mentalize e procure o trabalho de sua predileção. Só depois se desligará do seu ganha-pão atual.

Uma sugestão importante: Nunca saia de uma empresa brigado, rompendo relações, acusando abusivamente. Repercutirá mal. Além do mais, o mundo dá voltas e pode ser que um dia tenha que voltar a buscar emprego ou recomendações nessa mesma empresa.

Abrir empresa própria

Atualmente, o mundo oferece inúmeras possibilidades de trabalho autônomo. Você pode montar uma empresa, ou atividade, até mesmo na sua casa. A internet, por exemplo, abre muitas portas. Qualquer coisa original que você produza pode ser ofertada através das redes sociais, twitter, facebook, Youtube, emails, e demais caminhos fáceis do computador.

Também, há espaço para você estabelecer loja, magazine, indústria de qualquer porte, artesanato, atendimento profissional, prestação de serviços, enfim o leque é imenso. Mas, não tome nenhum caminho sem responder às perguntas feitas há pouco sobre o que você aprecia fazer. Repito as principais:

**Que porcentagem de satisfação pessoal lhe causa essa atividade?*

**Sobre o que você tem talento e vontade?*

* *Está disposto a enfrentar as horas de trabalho demandadas pelo empreendimento?*

Agora analise os passos: dinheiro disponível;

ponto; gastos fixos; interesse das pessoas a que se destinam suas ofertas; o algo mais a oferecer em relação aos competidores do mesmo ramo; o tempo para ser conhecido e procurado pelo público alvo; a previsão do período necessário para chegar ao ponto de equilíbrio entre lucro e despesas.

Claro que, se a sua empresa individual tiver como sede sua residência, as despesas cairão muito. Essencial: Não sugue com gastos pessoais o dinheiro necessário para o giro do negócio. Ficará engessado.

E mentalize, sonhe, acredite e imagine os resultados desejados, que a imaginação é força poderosa.

Walt Disney dizia:

"Se você pode sonhar, pode realizar".

Andrew Dale Carnegie, (1888-1955), foi um dos grandes pensadores muito influentes nos Estados Unidos. Era orador e escritor. Teve e tem muito sucesso seu livro *Como Fazer Amigos e Influenciar Pessoas*. Veja o que ele escreveu:

"A melhor maneira de nos prepararmos para o futuro é concentrar toda a imaginação e entusiasmo na execução perfeita do trabalho de hoje".

Saúde é tudo

Se há um item existencial por demais negligenciado, este se chama saúde. São raros os que pensam saúde. Vão levando a vida aos trancos e barrancos, ligados apenas nos afazeres, nos prazeres, nos impulsos, nas responsabilidades, nos compromissos, nas metas a serem alcançadas, nas satisfações a serem colhidas. Tudo isso é bom. Sim, repito, tudo isso é bom, como boa é a água, boa é a comida, boa é a bebida, boa é a atividade, bom é ganhar dinheiro, bom é o pensamento e o sentimento. Mas, o excesso de água afoga, o excesso de comida prejudica o corpo, o excesso de bebida não faz bem, o excesso de lazer e prazer traz consequências ao organismo, o excesso de luta pelo dinheiro desgasta e estressa, o excesso de pensamentos e sentimentos negativos desequilibra a mente, que, por sua vez, desequilibra a saúde. O segredo é a dose, a alternância, saber o que harmoniza e energiza o corpo/mente e o que prejudica. Doses ínfimas de veneno fazem bons remédios, doses maiores matam.

A religião liberta ou amarra

Muitos pensam que a prática da religião, por si mesma, é o melhor caminho da vida. Não é bem assim. As Leis universais, emanadas do Criador, estão acima das convenções e das crenças: O bem produz o bem, o mal produz o mal; o positivo produz o positivo, o negativo produz o negativo; a alegria produz a energia da alegria, a tristeza produz baixa energética; a crença do castigo divino produz medos estressantes, a fé na bondade divina produz bem-estar; a fé que tudo pode produz ânimo, a resignação produz estagnação; o sacrifício pelo sacrifício desgasta energias, o prazer de viver e servir produz boas energias; a severidade religiosa produz depressão, a leveza espiritual produz bom ânimo; a obediência forçada produz abatimento do sistema imunológico, a liberdade positiva produz espírito jovem; sentimentos de culpa produzem desânimo, sentimentos de que a vida é escola produzem benefícios existenciais; a repressão das regras e mandamentos produzem desgaste emocional e físico, a alegria de ser bom livremente é saúde pura;

proibições e obrigações amarram, incentivos para o bem entusiasmam.

Muitos, que se dizem bons cristãos, cumpridores de seus deveres, não entendem porque sofrem.

Já tenho ouvido inúmeras pessoas, ao longo das minhas andanças, me perguntarem perplexas:

– Por que aquela pessoa, que sempre foi boa cristã, sempre presença na igreja, pode estar sofrendo tanto?

A resposta é que nada acontece por acaso. E também não é Deus que manda sofrimentos, porque não é sádico. Se nenhum pai faria isso, muito menos o faria o Pai celestial. Não se pergunte quem fez isso àquela pessoa, mas o que ela teria feito a si mesma. Não existe colheita sem plantação. Não existe efeito sem causa.

Ninguém quer a doença e o sofrimento, mas pode estar agindo de forma a causar, com o tempo, o desgaste, a fragilidade orgânica, o estresse, a debilidade do sistema imunológico, e, como resultado final, a doença.

Imagine um religioso, uma religiosa, um pastor, um padre, que sempre atende submissamente, embora contra a vontade, às determinações superiores, quem sabe injustas e prepotentes - essa pessoa acredita que é movida por comportamento exemplar. Não percebe que está desajustando a harmonia mente/

corpo. Pior ainda é a situação do indivíduo consagrado, que fica remoendo as incompreensões, a falta de reconhecimento e a indiferença de colegas e superiores. Esse sentimento é caminho de câncer ou de outra enfermidade.

– Fazer o quê? – se perguntará quem vive sob esse tipo de pressão religiosa.

A primeira determinação é sair dessa energia corrosiva.

– Mas, como? Todos os membros da comunidade têm que agir assim, são ordens, é a palavra do superior, quem não segue o rebanho não é bem-visto.

Antes de tudo, gostaria de pedir a Deus que os superiores e superioras sejam amáveis, de bom coração, compassivos, sábios, administradores do bom senso, e capazes de dialogar de igual para igual, já que Jesus disse que todos somos irmãos. Tudo que é forçado, rebenta. "Amai-vos" – ensinou o Mestre. Disse ainda: "Não vim para ser servido, mas para servir". E completou: "Quem quer ser o primeiro, seja o último". Diante de Deus, todos os seres humanos são iguais, consequentemente não deveriam existir superiores e nem primus inter pares, e sim irmãos com funções diferentes.

Mas, se você se sente pressionado, ou injustiçado, ou em atividade detestável, decida se prefere sair desse sofrimento ou adoecer. Não estou dizendo que chute o balde e vire a mesa com tiros de canhão. A solução é conversar fraternalmente com o superior, ou tratar o assunto comunitariamente, ou analisar em reuniões, ou buscar ajuda com psicólogo comportamental. Acho de bom alvitre evitar conselhos de guias espirituais que vão lhe dizer para suportar tudo por amor ao Crucificado, que a vida religiosa é pesada mesmo, que a Deus agrada seu sacrifício, coisas assim. Paciência e reflexão até que podem ser um bom conselho, enquanto busca libertar-se desse mal-estar mental, sentimental e físico. Lembre-se que corda espichada se rompe.

Tudo tem solução. E você é a solução.

Saúde é estado de harmonia benfazeja entre todas as instâncias do ser, por isso é o maior bem humano. E é por isso que a saúde deve ser sempre levada em consideração.

Cláudio M. Assunção tem essa frase:

"Saúde - palavra pequena mas que vale uma vida.

Ser saudável é curtir a vida. Viver a vida é curtir a saúde. Que Deus nos dê sanidade suficiente para nos mantermos saudáveis".

Aproveite a vida, desfrute as coisas boas disponíveis, colha o que é prazeroso, sorria, se divirta, brinque de ser feliz, abrace e beije, tudo como quem curte a viagem, mas sem se descuidar do roteiro.

Saúde é tudo.

Importe-se com ela.

Felicidade - você acredita nisso?

Senti vontade de iniciar este capítulo com uma frase de Oscar Wilde, (1854-1900), escritor irlandês, que viveu a maior parte da vida em Londres:

"Quando somos felizes, somos sempre bons, mas quando somos bons, nem sempre somos felizes".

Wilde está dizendo algo muito significativo, mas passa despercebido pela maioria das pessoas. A crença mais comum é que ser bom é ser feliz. Apenas crença, porque, na prática, não é assim que acontece. E a incorrespondência entre bondade e felicidade faz certas pessoas tirarem conclusão equivocada: dizem que, se ser bom não faz a pessoa feliz, é porque não existe felicidade neste mundo.

Não é a bondade que faz a pessoa feliz, porque alguém pode ser bom, ajudar o próximo, transmitir belas mensagens, levar o povo a Deus, dar esmolas, e estar muito infeliz. Isso demonstra que não há relação entre bondade e felicidade. Oscar Wilde tem razão.

Por outro lado, ser feliz é ser bom. Quando somos felizes, somos sempre bons.

Pode duvidar, se achar por bem, já que a dúvida inteligente gera curiosidade, a curiosidade é amiga da pesquisa, e a pesquisa é a busca da verdade. Faça como eu: sempre que me fazem afirmações que não batem com minha filosofia existencial, ao invés de ficar na teimosia estéril, dedico-me à pesquisa, ao estudo científico, até descobrir a verdade ou a resposta mais convincente.

Por que entendo que Wilde está certo?

Primeiro, porque bondade não encerra necessariamente conceito de felicidade, como já foi visto.

Segundo, porque felicidade, por ser felicidade, contém o componente da bondade.

A própria definição de felicidade abarca, em seu conteúdo, a bondade. Se você não é bom, obviamente não é feliz, uma vez que felicidade é estado de harmonia mental, física, emocional e existencial.

Ser bom não significa ser feliz, mas ser feliz significa ser bom.

Bem, não adianta muito continuar esse raciocínio se não chegarmos a um acordo sobre o que é felicidade. Aliás, como as pessoas geralmente não conseguem uma definição exata de felicidade, acabam se fixando em pormenores, aspectos da vida cotidiana, situações espontâneas, versatilidade do dia a dia, e coisas assim. E, se a vida é incontrolável, como dizem, nesse bojo também a felicidade seria levada de arrastão.

O que é mesmo felicidade?

Não se deve falar do que não se conhece. Não é justo teimar naquilo que não se sabe o que é.

Se você vai discutir sobre felicidade com quem não define seu significado, nunca vai chegar a termo nenhum.

Tenho escrito vários livros sobre felicidade – porque acho que ela é a essência da vida – e, em todos, não me escusei de defini-la.

– Mas, felicidade pode ser definida?

Sem dúvida.

Como abordar um assunto sem saber do que se trata? Sempre que alguém pretenda analisar algo, antes de tudo deve clarificar os termos da questão.

Mas, quanto à felicidade, ainda não encontrei nenhum autor que, em sua abordagem, tenha definido a felicidade. São feitos rodeios psicológicos e focadas apenas nuances parciais. Muitos fazem como aquele aluno que descreveu o elefante como animal de orelha grande. Sim, é verdade, o elefante tem orelha grande, mas não é uma orelha.

Toda definição, para ser perfeita, científica, não pode ser susceptível de qualquer contradição.

Se você disser que ser feliz é ser cristão, respondo que há muitos cristãos infelizes, logo não está completa a definição. Se responder que felicidade é casar e ter filhos, aviso-lhe que há casais com filhos que são infelizes, e muitos até divorciados. Se garante que ser feliz é ter muito dinheiro, dinheiro à vontade, eu aponho a verdade de que existem muitos bilionários infelizes.

Então, como definir a felicidade?

Depois de muita reflexão, extraindo todos os contraditórios, posso dizer-lhe que felicidade é:

"Sentir-se bem consigo mesmo, com a humanidade, com o universo e com Deus".

Sentir-se bem consigo mesmo. Sentir-se é verbo reflexivo, significa estado interior. Para começo de conversa, é preciso entender que felicidade é estado mental. Quem não se sente bem interiormente, não é feliz, falta alguma coisa, há algo que perturba e inquieta. Dinheiro, casa, carro, roupas, casamento, conforto, viagens, esportes, amizades, tudo isso pode ajudar a aumentar o nível de satisfação, mas o mundo exterior não faz necessariamente o mundo interior. Felicidade está dentro.

Sentir-se bem consigo mesmo. Quem não gosta de si não é feliz. Amar-se é o segredo. Querer bem a essa criatura maravilhosa, obra-prima do Criador, que é você, - isto é o básico da felicidade.

Sentir-se bem com a humanidade. Basta odiar um esquimó qualquer do Polo Norte, a dez mil quilômetros de distância, e já não é feliz, porque o ódio não está no esquimó e sim no coração do que odeia. Amar ao próximo – dizia o Mestre. Até porque o outro é parte de você. A raiva que joga contra seu inimigo também queima você. O amor que derrama sobre os seres humanos, inunda seu coração, seu corpo e sua vida.

Sentir-se bem com o universo. Repudia você uma árvore, um mosquito, uma aranha? Não é feliz, pois há algo que o incomoda. Sentir-se bem nesse lindo universo de Deus – não é opção, é interação.

Deus criou o mundo e viu que tudo que criara era bom. Essa é a legítima visão do cosmo. E essa maneira de ver o mundo deixa você em estado de amorosidade. Ora, amorosidade é sinônimo de felicidade.

Sentir-se bem com Deus. É óbvio. Se odeia a Deus, é infeliz. Se Deus faz parte da sua vida, é fundamental sentir-se bem com Ele. Raiva contra Deus, rejeição a Deus, é processo mental perturbador. Amar a Deus e sentir o amor de Deus, eis o estado mental de felicidade. Vivenciar uma bela relação de Pai e filho é realmente sentir-se bem.

Veja que felicidade não é questão secundária. É essência existencial. Essência, não circunstância.

O desinteresse de muita gente pela felicidade é sinal de extrema ignorância.

Dizer que não é fácil ser feliz é ter visão distorcida da vida. O Criador jamais colocaria como necessidade primordial à vida humana o que fosse difícil de ser vivenciado. Na verdade, toda a Criação conduz à felicidade: o amor, a paz, a alegria, o bem-estar, o pensamento positivo, o otimismo, a fé num mundo melhor, a certeza de que pensar é ser, o trabalho criador, tudo.

O filósofo e professor universitário George Santayana, (1862-1952), disse, com razão:

"Ser feliz é a única justificativa de viver. Quando a felicidade falta, a vida torna-se uma experiência vazia e lamentável".

Tempos atrás, um padre amigo me observou que meus conceitos sobre felicidade são simplistas e inconsistentes, porque a vida não é um mar de rosas, tem suas dificuldades e não estamos nesse mundo para sermos felizes, mas para cumprirmos a vontade de Deus.

Respondi que a vontade de Deus é sermos felizes, já que Ele é a Suprema Felicidade e nos criou à sua imagem e semelhança. Ser feliz é ser o homem aquilo que ele é. Ser feliz é o encontro consigo mesmo. O infeliz está fora de si. Acrescentei, ainda, que tudo o que o Criador faz é simples e fácil, pois, não fosse assim, não seria inteligente e nem ilimitado em seu saber. A conclusão evidente é que é simples e fácil ser feliz e ser feliz é ser uno com o Pai celestial. E ser uno com o Pai celestial é possuir em si mesmo as maravilhas prazerosas do finito e do Infinito.

Mas, o colega continuou dizendo que os santos eram sacrificados e viviam de renúncias.

Objetei recordando que Deus não é o Supremo Sacrifício e nem a Suprema Renúncia. Se o fosse, não seria Deus. A plenitude divina é a Felicidade, que tem como sinônimos o reino dos céus e o amor.

Concluí minha palavra, dizendo que o paradigma da santidade é a felicidade. Quanto mais feliz uma pessoa, mais íntima da Suprema Felicidade estará, mais santa será.

Pense nisso.

Deus é solução?

Tudo tem solução. Deus é solução?

Sempre que a vida complica, a maioria das pessoas vai buscar o amparo e a ajuda de Deus. Até os que nunca se lembram de religião, na hora da aflição apelam para Deus. E fazem bem.

Existe até uma frase pitoresca que ilustra esse momento psicológico:

"Não existem ateus numa pane de avião".

Ter um Galho poderoso e forte para se segurar na hora da queda, que maravilha! Quem não quer?

Fica, porém, no ar a grande questão:

– Quem é Deus? Como você o imagina? Qual a sua ideologia a respeito de Deus?

Poder-se-ia analisá-lo a partir dos conceitos de cada um. Foi o que aconteceu quando Jesus perguntou aos discípulos:

– O que dizem os homens que eu sou?

Responderam os discípulos: "Dizem uns que és

João Batista; outros, Elias; ainda outros, algum dos profetas".

Continuou a interrogá-los: "E vós, quem dizeis que eu sou?"

Respondeu-lhe Pedro: "Tu és o Cristo". (Mc 8,27-29).

Minha pergunta a você é esta:

– O que pensa a respeito de Deus?

Cada um responderá de acordo com seu aprendizado e suas experiências.

Tenho ouvido e lido inúmeras respostas, baseadas em critérios pessoais, em ideologias religiosas e em sermões.

Há os que guardam na sua alma um Deus poderoso, duro, castigador, intolerante, implacável com os erros e pecados. Esses o temem e procuram tanto quanto possível se afastar dessa ameaça.

Há os que o retratam como exigente, que coloca carga pesada nos ombros das pessoas. Esses se vêm às voltas com mandamentos, leis e obrigações religiosas, regras da Igreja. Sentem-se amarrados, com sentimento de que esse Deus lhes obstrui o lado agradável da vida.

Há os que têm a nítida visão de um Deus sádico, que anda à caça dos pecadores, dos liberais, dos que apreciam os prazeres da vida para lhes aplicar duras correções.

Há, ainda, os que acreditam num Deus seletivo, que somente reserva as suas benesses para os que se imolam em preces e oferendas e mortificações para Ele. Esses estão sempre na igreja, dão-se a longas orações, jejuam, abandonam o mundo material, na expectativa de que assim melhoram a amizade e a aproximação com Deus. Temem o inferno e o rechaço do Supremo Juiz. Abominam os que vivem de outra maneira. Acusam o mundo de perdição.

Por outro lado, há os que vêm Deus como Pai, acreditam no seu amor, na sua bondade, na sua misericórdia. Dizem que se o pai terreno é sempre amoroso e compreensivo diante dos atropelos da vida, mais ainda o será o Pai Celestial.

Nessa linha, comparecem os que acreditam que Deus nos colocou nesse mundo para desfrutarmos as coisas boas da vida. Se temos sentimentos prazerosos, estímulos de alegria e felicidade, capacidade de degustarmos bons pratos e bebidas deliciosas, belos desejos sensuais, é porque nos quis dar essas possibilidades de celebrarmos a vida.

São, também, inúmeros os que têm certeza de que Deus nos criou felizes para sermos felizes, e quando sobrevêm a dor, a desgraça, o perigo, a frustração, acolhe o pedido de socorro e livra de todo mal.

No campo das religiões, existem as que se consideram donas de Deus e só se salvam os que entram nesse rebanho privilegiado.

Veem-se religiões virulentas que combatem tenazmente os que a ela não se filiam, condenando ao fogo do inferno. Fora dessa religião, inimigo de Deus.

Como é seu Deus?

Como Ele se relaciona com você e como você se relaciona com Ele?

Você teme ou ama a Deus?

A mais perfeita, maravilhosa e sábia visão de Deus se resume numa simples palavra: Amor. Deus é Amor e tudo que Ele criou é energia do seu Amor. E amor é sinônimo de felicidade. E felicidade é sinônimo de reino dos céus.

Li, certa vez, esse texto do teólogo Leonardo Boff, descrevendo uma conversa com o Dalai Lama sobre religião:

"No intervalo de uma mesa-redonda sobre religião e paz entre os povos, na qual ambos participávamos, eu, maliciosamente, mas também com interesse teológico, lhe perguntei em meu inglês capenga:

– Santidade, qual é a melhor religião?

Esperava que ele dissesse: "É o budismo tibetano" ou "são as religiões orientais, muito mais antigas do que o cristianismo".

O Dalai Lama fez uma pequena pausa, deu um sorriso, me olhou bem nos olhos – o que me desconcertou um pouco, por que eu sabia da malícia contida na pergunta – e afirmou:

– A melhor religião é aquela que te faz melhor.

Para sair da perplexidade diante de tão sábia resposta, voltei a perguntar:

– O que me faz melhor?

– Aquilo que te faz mais compassivo (e aí senti a ressonância tibetana, budista, taoísta, de sua resposta), aquilo que te faz mais sensível, mais desapegado, mais amoroso, mais humanitário, mais responsável... A religião que conseguir fazer isso de ti é a melhor religião.

Calei, maravilhado, e até os dias de hoje estou ruminando sua resposta sábia e irrefutável.*(Citado no livro* Conselhos Espirituais, *Verus Editora)*

"A melhor religião é aquela que te faz melhor".

Bela resposta. Condizente com o ensinamento de Jesus: "Pelos frutos se conhece a árvore".

A melhor religião é a que faz você melhor.

O que é fazer alguém melhor?

No meu entendimento, é tornar a pessoa mais feliz, mais positiva, mais amorosa, mais compassiva, mais saudável, mais imersa na abundância desejada, mais magnânima, mais sorridente, mais confiante, mais dona de si mesma.

Um dia, me pediram uma definição de religião.

Respondi:

– Religião é Deus na vertical e o amor na horizontal.

Tão simples e tão verdade.

A vertical aproxima você de Deus, leva-o ao encontro com o Infinito. Horizontal é o amor. No amor, somos um.

Uma das mais agradáveis maneiras de ver Deus é através das causas segundas. Veja Deus em si, na vida, nas flores, nos pássaros, nas montanhas, nos lagos, nos rios, na imponência das cascatas, no azul do céu, na imensidão das galáxias, no esplendor do sol, na obra da Criação. Imediatamente você sentirá a presença dele no seu coração e então iniciará um diálogo inesquecível.

E descobrirá que Ele é a solução. Porque é bondade e amor.

Seja o que queria ter sido

Naquele tempo, você tinha certeza de que conquistaria o mundo. Não cansava de contar que sabia o que queria, tinha talento e garra, e que a vida se dobraria aos seus pés. Fez curso universitário, mestrado, doutorado, e partiu para o seu sonho. Algumas pessoas pessimistas lhe avisaram que a vida não era tão fácil assim. Ninguém o desestabilizava. Colocou a loja de presentes num ponto central da cidade. Loja bonita. Você feliz. Os clientes, aos poucos, começaram a entrar e muitos até compravam. Uma vizinha, a dona Giulieta, deu-lhe os parabéns pela bela loja. Certa noite, porém, os arruaceiros arrombaram a loja, quebraram a vitrine e no dia seguinte você contabilizava os prejuízos. A tristeza molhou seu coração. Tanto esforço e tanto prejuízo! A desgraça não saía da cabeça. Noite e dia. Agora, para dormir, só com sonífero. O prazer de abrir a loja, pela manhã, tornou-se pesadelo. Já pensava, inclusive, em fechar definitivamente seu sonho. Vida ingrata. A dona Giulieta lhe sorria e animava, mas você estava caindo.

Certo dia, vendo-o arqueado lá num canto, atrás dos balcões, Giulieta não se conteve:

– Você precisa reagir. Onde foram parar seus sonhos de conquistas invencíveis?

– Estou desanimado. Tanto esforço e de repente volto à estaca zero.

– Lembre-se que a fé remove montanhas. Um episódio não pode desmantelar seu projeto construído com tanto entusiasmo.

– O baque foi grande. Sacudiu meus alicerces.

– Meu amigo, fatos desse quilate são até comuns. Eles fazem a fronteira entre o sucesso e o fracasso. Recolha as lições da vida, junte os cacos, aproveite para melhorar o visual da loja e conquiste novos produtos. Faça do limão uma limonada.

– Não é fácil!

– Pense que é fácil. Nada acontece por acaso. Vamos, coragem, seu destino é o sucesso e a prosperidade! Olha, não sei se já ouviu falar de uma escritora chamada Mary Ann Evans, que usava o pseudônimo de George Eliot. Viveu em Londres, de 1819 a 1880. Com certeza, você nunca tem lido nada dela. Mas, quero apenas citar-lhe uma frase dessa escritora:

"Nunca é tarde demais para você ser o que deveria ter sido". Pense nisso.

O moço deixou-se ficar mergulhado nas palavras daquela senhora. À noite, revolvia-se na cama, perseguido por aquela frase.

– Nunca é tarde demais – pensava ele.

Por mais que as imagens das perdas sofridas tentassem desestruturar seu ânimo, a frase o assaltava vigorosamente:

– Nunca é tarde demais.

Passou a semana conversando com pessoas positivas, aproveitou momentos de calma para reconfigurar sua loja, pôs fogo na sua imaginação e voltou a ser o herói de si mesmo, o conquistador de sucessos.

Venceu. Hoje é próspero comerciante, bem situado na comunidade, agradecido por ter encontrado um anjo de luz no seu momento difícil.

Tudo tem solução. Nunca é tarde demais. Basta firmar a bandeira no alto do mastro.

Há cantores que desistem por encontrar vazios na estrada; há escritores apressados que exigem sucesso na primeira empreitada; há idealistas que se escoram no idealismo dos outros mas não imaginam que sempre existirão pedras no caminho e que são essas pedras que burilam, aperfeiçoam, retemperam, fortalecem a garra, estimulam a escalada e instigam a criatividade.

Está triste, parado, sem ânimo?

– Nunca é tarde demais para você ser o que deveria ter sido.

Talvez, com o correr do tempo, você tenha pulado de galho em galho, experimentando tudo que aparecia pela frente, esquecido totalmente do seu sonho maior, aquele que acalentou a sua juventude e lhe deu razão de lutar pelo diploma. E agora está aí de mãos vazias.

– Nunca é tarde demais para você ser o que deveria ter sido.

Conheci muitas pessoas que recuperaram a autoestima, retomaram seu velho projeto há tanto tempo desativado, e hoje sentem-se realizadas.

– Nunca é tarde demais para você ser o que deveria ter sido.

Azar é apenas ilusão ótica

As oportunidades desfilam diante de você, a todo instante, mas a miopia mental é aguda. Olhos abertos, meu amigo. Mente alerta, minha amiga.

Um dia, um amigo meu entrou numa casa, que lhe agradou, e perguntou ao dono se queria vendê-la.

– Vendi ontem – foi a resposta.

O homem ficou frustrado. Uma senhora da casa do lado o chamou, mas ele não ouviu mais nada, concentrado apenas que estava na perda da oportunidade. Não chegou a saber que a mulher do lado ia lhe oferecer sua casa, melhor e mais bonita que a primeira, por preço mais acessível.

Não existe azar. Abra os olhos.

Conheci um moço que, em momento de descuido, bateu seu carro num Ford guiado por uma bonita jovem. Fizeram o acerto dos prejuízos tranquilamente. Acabaram casando. A sorte está sempre do seu lado, tem que abrir os olhos.

Certa vez, eu passeava ao longo da praia e vi

uma casa recém incendiada. Uma calamidade. E um senhor completamente desolado. Havia queimado seu sonho de aposentadoria. Animei-o dizendo que agora ele iria construir uma casa mais agradável e mais aconchegante que a anterior. Ele apenas abanou a cabeça desconsolado. Mas a ideia iluminou sua mente. Criou coragem. Já vi a nova casa, bem mais bonita.

Quando escrevi, em 1980, o livro *O Poder Infinito da Sua Mente,* ofereci-o a uma editora do Rio de Janeiro. Foi rejeitado. Compreendi que essa empreitada pertenceria a mim. Hoje agradeço à editora que o recusou, pois assim criei a Editora da Mente e a tiragem mais recente dessa obra aponta um milhão e duzentos mil exemplares vendidos no Brasil. E continua fazendo o bem a milhares de pessoas.

Azar é apenas ilusão ótica.

Olhos abertos, meu amigo. Mente alerta, minha amiga.

Para quem é positivo, as oportunidades surgem a cada instante.

Para quem se sente comunhão com o todo universal, seus pensamentos e sentimentos estão no todo como o ar que se respira.

Para quem se insinua como onda benéfica no oceano cósmico da vida, fica-lhe a certeza de que seus sonhos fazem parte do universo e tendem a se expressar na realidade.

Então, é preciso sintonizar, abrir os olhos, acolher, ser receptáculo e celebrar as autorrealizações.

Olhos abertos. Mente que ausculta.

A casa em que vive

Que recanto mais importante - a casa onde você vive. Todos os dias, você chega e a casa o recebe de portas abertas. Todos os dias, ela lhe oferece as janelas para ver o mundo, a sala para relaxar, a cozinha para degustar belos pratos, o quarto para o aconchego prazeroso e a cama para o sono que refaz as energias.

Sua casa - seu ninho.

Sua casa – sua amiga silenciosa.

Sua casa – seu refúgio nas tempestades que explodem lá fora.

Sua casa – exemplo de paciência e tolerância para com seus desleixos e relaxamentos.

Ela sempre está aí. No mesmo lugar, à sua espera, ainda que você a desrespeite com sujeiras e maus cuidados.

Sua casa gosta de você, mesmo quando entra aos trancos e barrancos, fungando resmungos, irritado, mal-humorado, feito elefante em loja de louça.

Pois bem, está na hora de dar mais atenção à sua casa. Ela merece. Ela é sua, você é o responsável. Veja o que ela necessita para manter-se agradável e atraente. Torne-a maravilhosa, limpando, pondo-lhe roupa melhor, tapetes e cortinas sem rasgos e sujeiras, móveis em condições dignas, louça lavada, enxugada e guardada, cama arrumada, objetos em seus devidos lugares.

Cuide da sua casa e ela cuidará de você. Mantenha-a alegre, com música, sorrisos, otimismo e pensamentos positivos, e ela inundará sua vida com alto-astral.

Fernando Pessoa, o poeta, escreveu:

"Feche a porta, mude o disco, limpe a casa, sacuda a poeira. Deixe de ser quem era, e se transforme em quem é".

Sua casa deseja que tenha bom relacionamento com os vizinhos. Como ela tem o destino de permanecer quieta, pertence a você cumprimentar os vizinhos, oferecer-lhes um sorriso, ser solidário.

O filósofo romano e poeta lírico e satírico Horácio, cujo nome era Quintus Horacius Flaccus, (65AC-8AC), disse essa frase, que achei interessante:

"Quando a casa do vizinho está pegando fogo, a minha casa está em perigo".

Conseguiu apanhar o significado dessa afirmação? É uma maneira poética de falar em solidariedade e fraternidade. Não seja arrogante para os vizinhos.

Nem assombração. Reconheça que ninguém é ilha.

Se quiser manter energia boa em torno da casa, necessita incluir os vizinhos. Seja cortês e educado, até mesmo prestativo, pois, "quando a casa do vizinho está pegando fogo, a sua casa está em perigo".

Dessa ilação, também se pode extrair outra verdade:

"Quando sua casa está pegando fogo, seu vizinho pode ser a solução".

Sabe quando sua casa estará feliz?

Quando voltar contente a ela e desejar permanecer o máximo de tempo em sua companhia.

Para tanto, basta uma decisão sua. Não venha com desculpas esfarrapadas de que você é assim mesmo, não costuma se importar com a casa, nunca se interessou em atender às necessidades da mesma, e que assim está tudo bem. Não é verdade. Por mais acostumado que estiver com seu modus vivendi, não é verdade que se sinta bem no meio da bagunça e da sujeira. Sua alma grita, mesmo que você queira abafar a voz interior.

Não há dúvida de que você aprecia, e muito, uma casa aprazível. Você não é diferente do resto dos mortais. Tente dar-lhe uma alegre e vistosa configuração e verá como a alegria inundará seu coração.

Você tem solução

Conheci pessoas cuja vida é uma macarronada. Uma sopa de tudo, com gosto de nada. Não enxergam um palmo na frente do nariz, não resolvem coisa nenhuma, não se mexem nem se a casa está pegando fogo. Se os filhos quebram o quarteirão, elas fazem de conta que nada está acontecendo.

São pessoas com cérebro pastoso. Não mexem uma palha para nada. O marido, ou a esposa, reclama, mas essa gente não está nem aí.

De repente, as coisas degringolam, o marido quer ir embora, os filhos não atendem, o emprego afunda, e a confusão mental avança para a depressão.

Você é assim?

Calma, tudo tem solução.

Primeira coisa, vamos clarear a mente. Com essa barafunda e abulia nada se pode fazer.

Para clarear a mente, o primeiro passo é parar para pensar. Pensar, nesse caso, é fazer uma vistoria na sua vida: tome consciência de que sua forma de ser e agir não está dando certo. Basta ver o caos existente em você, na sua casa e na sua vida. Que bom que já se deu conta e quer mudar!

Agora, a busca da organização.

Organize-se. Você é o ponto de partida. Mas, você é dois em um: mente e corpo. Por onde começar? Como o corpo é comandado pela mente, comece por esta.

Ponha luz nos seus raciocínios. Pense o seu pensamento. Isso mesmo, não vê que está deixando a mente correr solta, ao deus dará? Conscientize-se de si mesmo. Perceba seu momento atual, seu agora. Volte-se para si. Localize-se. Tire a cabeça do mundo da lua. Pense seu rosto, sua roupa, seus sapatos, seus brincos, seus cabelos, sua aparência.

Desanuvie-se e aflore um belo sorriso.

Muito bem, agora você está onde você está.

Segundo passo: abra os olhos: veja o tapete torto e arrume. Tire as flores murchas do vaso e guarde-o. Está vendo as poltronas e sofá com restos de comida, casaco atirado na borda e os controles da tevê jogados nos braços laterais? – Organize.

Puxa vida, que negócio é esse de deixar as crianças espichadas no chão a comer pão com margarina? Ponha-as na mesa. Piso é para caminhar, mesa é para comer.

E esse cocô de cachorro no meio da sala, que é

isso? Limpe agora. Sujeira na casa é sujeira na alma. Organização.

Vamos ao seu dia a dia. Quais são seus compromissos?

Primeiro, acordar as crianças na hora de acordá-las. Preparar o café, organizar a mochila da aula.

Quem vai levar as crianças ao colégio? Você? Tudo bem. Mas, você sabe que na semana que vem estará viajando, então pense desde já a solução. Essa incumbência pode ficar com o marido ou a esposa; com avô ou avó; ou ficar acertado com o vizinho; ou pode ser compromisso da empregada. Ou, por fim, contratação de uma pessoa para esse mister durante a semana. Resolva, não deixe para depois.

Mas, precisa ainda encaminhar o cuidado das crianças, a alimentação, a cama para dormir. Não, nada de deixar a organização pela metade, prefira viajar descansada.

Têm mulheres que pensam até em separação, mas não têm competência sequer para organizar a própria vida e a dos filhos.

Mas, tudo tem solução.

Comece agora. Com um pouco de persistência, a mente responderá eficazmente e a vida correrá nos trilhos.

Concluo este capítulo, oferecendo a você a sabedoria de Pitágoras, famoso filósofo e matemático grego, (571aC-496aC):

"Com organização e tempo, acha-se o segredo de fazer tudo e bem feito".

Troque a pilha seja positivo

Como tem gente que se queixa do negativismo de familiares, santo Deus!

Até parece que o destino tenha colocado em cada casa uma pessoa para ser do contra. Se alguém diz que pretende fazer isso, já vem o negativo botar areia no ventilador: "Não vai dar certo". Ela quer adquirir um livro sobre poder da mente, ele logo interfere: "Isso é bobagem!" O filho pretende abrir um negócio, ele de cara resmunga: "Você não dá pra isso!" Você está guardando dinheiro para umas férias na praia, surge o agourento a prever chuva o tempo todo.

Às vezes, é o marido o rei do negativismo, outras vezes é a avó, que está sempre descontente; é frequente a queixa contra o pai que não acredita que o filho possa ser médico; não raro, é o irmão mais velho que rejeita qualquer ideia avançada; e, para variar, existem pais que só sabem dizer "não, não, não". Depois, se Deus quiser, acabam dizendo "sim".

Normalmente, são pessoas frustradas, que não se realizaram e, por isso, acham que ninguém consegue coisa nenhuma. Criaram essa filosofia do "não" e permanecem travados nela. O cérebro dessa gente está engripado, como esses motores abandonados no fundo dos galpões.

E o pior de tudo é que não mudam a pilha. Ficam aí como pedra no caminho dos outros. São pessimistas de carteirinha. Basta olhar para a cara deles e a gente tem vontade de sair correndo da assombração. Se alguém falar em felicidade, logo avisam que não existe. Vá você dizer que Deus é Pai, para ver! Jorram versículos sobre castigo, inferno, sofrimento e tudo o mais que aprenderam em sermões da Idade Média. Conte para eles que fulano vai ser jogador de futebol e ouvirá na hora: "Logo esse perna de pau!"

Mas, tudo tem solução.

Vamos virar o disco? Vamos trocar a pilha? Vamos mudar de canal?

Sei que você também é filho de Deus, tem boa vontade, não se sente bem com essa mentalidade impulsiva e sabe que não está agradando ninguém.

Então, vamos virar o disco?

Precisamos de uma estratégia, não é mesmo?

Antes de tudo, queira saber por que acontece esse modo de pensar e agir: simplesmente por pura programação. É lógico que não nasceu negativo e nem pessimista. Todos os hábitos humanos são fruto de maneiras continuadas de pensar. De tanto pensar e falar negativamente, isso tornou-se hábito e o hábito funciona por si mesmo. É como segunda natureza. Para reverter, vamos pelo mesmo caminho: criar o hábito de pensar positivamente. A estratégia é tomar a firme e persistente decisão de só pensar positivamente, só imaginar positivamente, só ver o lado positivo de tudo e só falar positivamente.

Não diga que é difícil. A boa notícia é que tudo tem dois lados: luz e sombra. Até aqui você só olhava para a sombra, agora vai olhar para o lado da luz. No começo, sentirá impulso de desabar sobre as sombras. Mas, logo começa a ouvir a vozinha interior: Olhe o lado da luz.

Ao fim do dia, seria até bom que contasse quantas vezes foi positivo em seus comentários.

Não se preocupe com as vezes em que foi negativo, mas festeje as ocasiões em que falou positivamente. Teime em pensar com alegria. Insista em ver o lado agradável das coisas.

Em tudo sempre existe o lado bom, pode ter certeza. Por exemplo, àquele "perna de pau" que lhe diz que vai ser jogador profissional – responda que se esforce bastante, treine muito, e conseguirá.

Sua esposa quer fazer um curso de poder da

mente. Diga-lhe: "Vai e depois me conta, que estou interessado em saber algo sobre isso".

Seu marido quer abrir uma loja? Comente com ele: "Se você gostar do que faz, estudar os passos necessários e o mercado, vai dar certo".

Ao invés de dizer que no seu prédio ninguém presta e ninguém colabora, aponte as pessoas boas e prestativas.

Mentalize:

"Eu sou uma pessoa positiva e otimista. Vejo sempre o lado iluminado de tudo. Minha mente gosta de analisar o lado bom dos acontecimentos. Gosto de alegrar e incentivar as pessoas, animando-as a realizarem seus sonhos. Sempre tenho uma palavra de motivação para os familiares. Procuro dar fé aos desejos dos outros e reconheço que todo ser humano tem o poder e a sabedoria de Deus para cumprir sua missão. Acredito no Mestre, que ensinou: "Tudo é possível àquele que crê". Agora me sinto bem, porque ajudo as pessoas a seguirem em frente. Eu sou feliz, muito feliz".

Há luz no casamento?

Hoje em dia, a vida é acelerada, ninguém tem tempo para nada. Poucos param para pensar.

Para muitos, pensar e analisar é perda de tempo: ponha o problema na máquina e ela que resolva, pois a vida corre e não se pode parar.

Há pressa para tudo. O que atrapalha, arreda-se do caminho e pronto.

Essa ideologia existencial também atinge os casamentos. No começo, tudo bem, a novidade da vida comum e os prazeres da convivência superam qualquer entrave ou dissonância. A paixão só vê o lado feliz da união. Mas, como em tudo na vida, com o andar da carruagem aparecem os buracos, as travadas inesperadas, os conflitos normais ao ajustamento das personalidades, as diferenças de critérios e de gostos. Aí a psicologia precisa entrar em ação, mas poucos a conhecem e quase todos não têm tempo para acertar as diferenças. Há muito que fazer na correria de cada dia e essa coisa de ficar dando satisfações e explicações não é muito condizente com esse mundo que acelera cada vez mais. Tem que lavar a roupa, coloque-a na máquina de lavar e vá embora. Precisa saber quem foi Abraham Lincoln, não vá à enciclopédia e nem à aula de História, consulte o Google e já está. A tecnologia dá tudo de mão beijada, na hora, sem esforço pessoal. Maravilha.

Mas, casamento não é tecnologia, ser humano não é máquina, sentimento não é papel, então não dá certo aplicar o mesmo método da tecnologia.

As coisas do casamento ficam para depois, já que agora não há tempo para dialogar, alinhar crenças e sentimentos.

– Olha, já estou saindo, estou com pressa, depois a gente se fala!

E o poço vai enchendo, até um dia extravasar. Bem, se extravasar, a solução – dizem – é partir para outro poço, que não contenha os problemas desse aí. E, de poço em poço, de máquina em máquina, o ser humano acaba esquecendo que é gente, a não ser quando cair nos laços de uma depressão.

Muito bem, casamento conflitado tem solução?

Claro!

Vocês não casaram porque se amam, porque gostam de conviver, porque acreditaram na felicidade comum, porque sonharam vencer juntos, porque sentiram a segurança de se apoiarem mutuamente nas situações difíceis?

Não foi isso?

E não estão em conflito porque deixaram de lado tudo isso?

O que você ama, cultiva. O que você gosta, preserva. O que você adora, quer que permaneça. O que lhe dá prazer, não evita. Ora, tudo isso lhe propiciava o casamento, então o que foi que aconteceu? Diz a velha medicina que todo órgão sem funcionamento atrofia.

A solução já existe, está com vocês dois, já é conhecida, mas engavetada.

Solução:

Lembrem-se que casaram porque se amam, porque gostam de conviver, porque acreditaram na felicidade comum, porque sonharam vencer juntos, porque sentiram a segurança de se apoiarem mutuamente nas situações difíceis. Foi falado há pouco.

Esta é a base sólida da vida a dois. E vocês se uniram sobre essa base consistente.

Falta agora um importante detalhe: olhar o lado bom da convivência.

Queixas, acusações, reclamações, exigência de satisfações, não melhoram o casamento, pelo contrário criam raivas, brigas, mágoas, resistências, e ganas de partir para outro arraial.

Não é de boa inteligência exigir perfeccionismo

ao marido ou à esposa. Não olhe o lado sombrio, mas o lado iluminado dele ou dela. Deixe o companheiro, a companheira, livre para ser feliz com você.

É fundamental que não dependa do outro para ser feliz e para se realizar. Firme sua felicidade em si mesmo. Felicidade é estado mental, só depende de si. Releia o capítulo sobre a felicidade.

Se você é feliz em si mesmo, e ela é feliz em si mesma, vocês somarão felicidade e se darão bem a vida toda.

Se você realiza seus sonhos e sua esposa realiza os sonhos dela, a vida correrá alegre e leve para ambos.

Todo casamento é como um pássaro: a ave necessita das duas asas para voar. Basta faltar uma asa e o pássaro não voará jamais. As duas asas do casamento são o amor e a liberdade.

Primeira asa: o amor. Sem amor não há casamento. Amor é essência do casamento. Os dois serão um – este é o milagre do amor. Mas, serão um sem deixar de ser dois, este é o xis da questão. E a individualidade é sinônimo de liberdade.

Segunda asa: a liberdade. Sem liberdade não há casamento que subsista, pode experimentar o que quiser. Falta uma asa para o pássaro voar. Quando muito, será um prisioneiro infeliz e frustrado.

Um dia, disseram a um prisioneiro:

– Fique feliz, você vai casar com uma linda princesa.

– Tudo bem – respondeu ele – mas primeiro me libertem.

No momento atual da humanidade, há muita gente que se une não só com separação de bens, mas também com separação de casa.

– Nós nos amamos, queremos viver o casamento, mas você na sua casa e eu na minha. E quando nos encontrarmos, faremos a festa da vida.

O que é isso senão a dificuldade de se aceitarem mutuamente como são e de viverem livremente o amor a dois? Não será isso um meio de evitar perda de tempo e energias na tentativa de burilarem as diferenças? Você fica lá com sua vida e liberdade, eu fico aqui com minha vida e liberdade – e assim seremos felizes para sempre, sem brigas, sem ranços, sem ciumeiras, sem fiscalizações.

Mas, essa vida amorosa pode acontecer na mesma casa. Sim, desde que cultivem o respeito, a compreensão, a liberdade e os espaços individuais. Nesse caso, viverem juntos é bem melhor, porque curtem a companhia, têm com quem partilhar episódios do dia a dia, encontram alguém para comentar fatos, sonhos, notícias, e, ainda, contam com o apoio e a presença nas horas difíceis e nas doenças.

E tem mais: rir a dois, brincar a dois, contar piada a dois, não é mais gostoso do que falar para o espelho?

É hora de esquecer a corrida desenfreada ao dinheiro, a necessidade urgente de adquirir bens materiais, a prioridade do acúmulo de bens – e descobrir que a alegria, a felicidade, a paz e o amor são mais prazerosos.

Tudo tem solução. Agora, é com você.

Há solução para pobres e endividados?

Já estava fechando a mensagem deste livro quando lembrei um assunto excessivamente importante no mundo de hoje. A ideia me surgiu ao escrever o texto que você leu logo acima: "É hora de esquecer a corrida desenfreada ao dinheiro, a necessidade urgente de adquirir bens materiais, a prioridade do acúmulo de bens..."

Muito bem, ocorre que há o outro lado da questão a ser focado, sim, existe um imenso contingente de pessoas que vivem na aflição da falta de dinheiro. E, por faltar dinheiro, afundam em dívidas. Com água pelo pescoço, se perguntam se essa desgraça tem solução. E eu digo com todas as letras: Tudo tem solução. O próprio Jesus – e Ele sabia o segredo das coisas – informou que todo ser humano possui o poder que tudo alcança.

São palavras do Cristo:

"Seja o que for que desejardes, alcançareis... Tudo que

pedirdes, conseguireis... Nada é impossível àquele que crê... Quem tem fé tudo pode... Pedi e vos será dado..."

Aí está o primeiro passo: acreditar que tudo tem solução, inclusive a saída do atolador financeiro.

Antes do mais, saiba que você é filho de Deus e Deus é a Suprema Riqueza. E reconheça, também, que você é uno com o universo e o universo contém todas as riquezas do mundo. Portanto, você, eu, todas as pessoas, estamos imersos num mundo de abastança sem fim.

Como nós somos o que pensamos, comece agora mesmo a mudar seus padrões negativos de pensamentos. Faça uma limpa nas suas crenças contra o dinheiro e a riqueza, e esqueça para sempre essa mentalidade pessimista de que não tem sorte, não tem capacidade e nada dá certo na sua vida. Mude mesmo. Mude agora. Lembre-se do velho ditado:
"Se você continua pensando o que sempre pensou, vai continuar acontecendo o que sempre aconteceu".

É a Lei. Tem que mudar. Pare de se queixar e de se fazer de vítima. Levante sua mente às alturas da sua divindade e veja-se mergulhado na abundância de Deus.

Palavras do Mestre:

"Vim para que tenhais vida e vida em abundância".

Agora, mais uma indagação indispensável:

- O que é que você quer?

A maioria das pessoas empaca nessa pergunta. Cada dez pessoas carentes, nove não sabem o que querem na vida. Vou dar-lhe uma mãozinha:

Você quer pagar as dívidas, ter dinheiro para se alimentar bem, se vestir bem, ter transporte próprio, tratar bem da sua saúde, viver bem, viajar, morar num lugar propício, possuir sobras para eventualidades e condições de ajudar necessidades alheias.

Não é isso? Acrescente o que mais deseja. Catherine Ponder já dizia que "o desejo é Deus batendo à porta da nossa mente".

Cumpra seus sonhos abençoados e estará fazendo a vontade de Deus. O que estou lhe dizendo é bem diferente do que acontece nas pregações sobre resignação e o pseudovalor da pobreza.

Tome uma folha de papel e escreva o que está buscando. Especifique. Não solte a caneta até determinar detalhadamente o que necessita e almeja. Mentalize abundância. Imagine-se navegando no rio da fortuna. Pense grande.

O milionário Donald Trump disse, certa vez:

"Já que você tem que pensar de qualquer forma, pense grande".

Não pensa grande só quem é grande, mas principalmente quem pretende ser grande. O pensamento cria, o desejo atrai, a fé garante, o poder realiza.

Querer livrar-se da miséria e da pobreza carente é vontade de Deus, volto a insistir. Essa verdade estimula todo seu empenho. Nada agrada mais ao Criador do que ver sua criatura especial, feita à sua imagem e semelhança, desfrutar esse lindo mundo, tão maravilhoso, tão encantador, deliciosamente paradisíaco. Basta você contemplar uma flor e perceberá a verdade do que acabo de lhe dizer.

Se você, nesse momento, reconhece que Deus está abrindo seu caminho para a prosperidade, deu o passo decisivo para sua recuperação financeira e econômica. Se sua mente ainda balança entre a riqueza que espera você de braços abertos e as dificuldades monetárias do passado, torno a recordar-lhe o que afirmou o Mestre:

"Seja o que for que desejardes, alcançareis... Tudo que pedirdes, conseguireis... Nada é impossível àquele que crê... Quem tem fé tudo pode... Pedi e vos será dado..."

Mas, como vai acontecer?

Entre os milhões de caminhos, existe o *SEU* caminho. Invoque a Sabedoria Infinita, ou o Espírito Santo, ou o Pai que habita o seu secreto, e peça que lhe mostre o Caminho da sua autolibertação material. Verá que muitas portas começam a se abrir, porque o Criador e o universo anseiam atender ao seu pedido. Para tanto, diga o que quer. Se não há pedido, não poderá haver resposta.

Agora, ponha todas as cartas na sua fé. A fé tudo

alcança – disse Jesus. Já foi escrito sobre isso.

Então, fique singelamente na escuta. Sem impaciência. Sem medos. Sem neurose. Sem duvidar. O caminho lhe será apontado. Tenha em mente que milhões e milhões de seres em situação igual ou pior à sua, hoje estão no rol dos ricos e bem-sucedidos. Quiseram, acreditaram, persistiram.

Desde já, agradeça. Agradecer é não apenas gesto de boa educação, mas também significa sua confirmação de que assim é e assim será.

E as suas dívidas? Está mais enrolado que macarrão italiano?

Tempos atrás, recebi um e-mail desesperado. A pessoa estava afogada em dívidas e não sabia mais o que fazer para sair desse embrulho. Sintetizei a resposta na seguinte mensagem:

"Li com atenção seu e-mail. É muito simples o que você deve fazer: 1. Não gastar mais do que ganha, a não ser com a garantia de que se trata de um investimento que lhe trará o lucro necessário para saldar os compromissos. 2. Desde já, estanque a hemorragia das dívidas. Vale a pena evitar consumos que possam ser adiados. Faça inventário das suas necessidades básicas e o resto use para abater suas dívidas. 3.Pare de gastar um centavo sem necessidade. 4. Veja o valor que pode dispor por mês, mais o que pode vender para fazer dinheiro, e negocie com os credores. Primeiramente, peça abatimento da conta, já que é bem provável que

seja atendido, tendo em vista sua promessa de regastar rigorosamente as prestações acertadas com o restante do débito. Cumpra o compromisso. 5. Veja o que pode criar e fazer para acrescentar ao seu rendimento mensal e use o resultado também para resgatar a dívida. Entre em economia de guerra por uns tempos. 6. Se não tem trabalho, mentalize o emprego dos seus sonhos e a ele se dedique com alegria e entusiasmo. 7. Mentalize a riqueza. Faça um quadro mental em que se vê pagando os credores e todos eles felizes e agradecidos. 8. Também visualize sua prosperidade. 9. Agradeça, pois todas as coisas estão prontas quando a mente o está. 10. Por fim, mantenha-se confiante, feliz, com muita energia positiva e otimismo. A fé remove montanha, inclusive a montanha de dívidas.

No meu livro *Você Consegue,* lançado em 2012, falo mais longamente sobre como pagar as dívidas e como ser rico. Se você tem dificuldade de conter suas preocupações e ansiedades, leia também esse livro.

Concluo essa mensagem, com a sabedoria da bíblia:

"A bênção do senhor dá a riqueza e não a faz seguir de sofrimento".

Então, tudo tem solução.

Você é demais

Estou impressionado: você leu este livro até o fim. Que maravilha! Significa que, mesmo na correria consumista que obriga você a ganhar bastante dinheiro para adquirir produtos de alta tecnologia, ainda assim se deu tempo de ler esse livro. Você é avis rara – como diziam os sábios.

A maioria das pessoas cai na vala comum e se arrebenta para ter o que há de melhor e mais ostentador, com o fito de impressionar a vizinhança, os colegas e os grupos a que pertencem. Além de querer produtos que facilitem a vida, importam-se que sejam de última geração.

Melhorar a vida pessoal, armazenar conhecimentos, iluminar o espírito, descobrir os segredos da felicidade e do bem-estar - para essa gente não exerce fascínio nenhum. No entanto, aqui está a beleza e o prazer da vida.

Mas, você é diferente, leu esse livro. Oba! Com certeza, um mundo especial e maravilhoso agora acena para você.

Já não é uma perdiz extraviada no campo a caminho da depressão, mas alguém no comando de si mesmo, à altura das belezas dessa vida.

O tempo atual oferece coisas lindas, alucinantes, de muita utilidade. A família dos computadores e derivados, que fantástico! A beleza e tecnologia dos carros, que espetáculo! É verdade. Eu também fico boquiaberto com tudo isso. E aproveito, na medida do possível. O mundo evolui e evoluímos junto. Só que o carro não abraça, não beija, não diz "eu te amo". Também, é verdade que os sofisticados e impressionantes bens materiais nada ajudam quando alguém afunda na depressão, no desânimo, no vazio da solidão da alma. Mas, o contrário dá certo: quando você é feliz, cheio de vida, animado, ninguém melhor que você curtirá as maravilhas materiais desse mundo incrível.

Termino essa mensagem oferecendo-lhe o segredo que só revelo aos meus melhores amigos e amigas:

"A vida é uma festa, aconteça o que acontecer".

Esteja você onde estiver, viva como viver, tenha o que tiver, deva o que dever, encontre-se na situação em que se encontrar, ocorra o que ocorrer, diga comigo:

"A vida é uma festa!"

Enquanto não colocarem um palmo de terra sobre você, proclame:

"A vida é uma festa".

E esta festa só depende de si. A festa está dentro. A festa é a alegria de ser filho de Deus e estar vivo nessa caminhada planetária. A festa acontece, desde já, no seu coração afetivo, se assim o desejar.

Nada impede você declarar que a vida é uma festa: nem a chuva, nem a neve, nem o tamanho da dívida, nem a botina furada, nem o Amor que partiu, nem o carro quebrado no meio do caminho. Sabe por quê? Porque essa festa está dentro. Exatamente como o Mestre revelou:

"O reino dos céus está dentro de vós mesmos".

E dentro não cabe carro, nem casa, nem vizinho, nem chuva, nem cartão de crédito.

Deixe de lado os pregadores do sofrimento, da renúncia, da expiação. Prefira a verdade e a sabedoria de Jesus. Ele sabia de tudo quando disse:

"O reino dos céus está dentro de vós mesmos".

Bem, agora quero lhe dar um beijo no coração.

Fim.

Sumário

VOCÊ CONSEGUE

Lançado no final de 2012, este livro, de Lauro Trevisan, é vigoroso reforço à sua convicção de que nada poderá barrar seus sonhos e seus desejos de saúde, felicidade, riqueza e bem-estar. De estilo leve e agradável, mostra como ativar suas qualidades e poderes adormecidos, para conseguir seus objetivos na vida.

Muitos talentos morrem no nascedouro, ou no meio do caminho, porque as pessoas desanimam, não encontram uma luz, não sabem o que fazer para conseguir superar as dificuldades.

Você Consegue até parece irmão gêmeo desse livro que acabou de ler.

Invista em si mesmo, peça esse livro, tão necessário diante das vozes negativas que você encontra em seu dia a dia. Recomendamos de coração.

O PODER INFINITO DA ORAÇÃO

Com certeza, você acredita na verdade ensinada por Jesus: "Tudo que pedirdes ao Pai, em estado de oração, crendo, alcançareis". Mas suas orações deram resultado? Pode ser que já tenha experimentado pedir, sem nada conseguir.

Está faltando o quê? Não vá dizer que o Mestre estava errado. Você falhou em algum ponto essencial.

O poder infinito da oração, 181 páginas, já com 100 edições no Brasil e algumas no exterior, lhe conduz aos maravilhosos arcanos da oração, aquela que tem poder e ativa a fé que tudo alcança, como garantiu o Mestre. Tenha esse livro junto de si, ele será seu socorro em todos os momentos, principalmente nas doenças, fracassos e dificuldades.

O PODER INFINITO DA SUA MENTE

Este é um livro imperdível. Milhões de pessoas se beneficiaram de sua leitura, não só no Brasil. Um dos maiores best-sellers do poder da mente.

De fácil entendimento, agradável de ler, muitos exemplos incentivadores, argumentos convincentes - tudo isso fará você acreditar que seu pensamento aciona as forças interiores e materializa seus desejos iluminados pelo entusiasmo.

Ao ler *O poder infinito da sua mente,* de Lauro Trevisan, descobrirá que, se você pode sonhar, pode realizar. Se assim não fosse, a vida seria uma frustração e uma fraude do Infinito, o que não pode ser verdade de jeito nenhum. Leia e verá maravilhas acontecerem na sua vida.

A CHAVE DO MAIOR SEGREDO DO MUNDO

Você já ouviu falar da Lei da Atração, da Lei da Fé, da Lei que Cada um Colhe o que Semeia, da Lei de Retorno, da Lei de que o Semelhante Atrai o Semelhante. Essas descobertas revelam a verdade ensinada por Jesus: "Quanto ao poder, quem tem fé tudo pode".

Mas, a questão é essa: Como usar esse poder? Qual é o segredo através do qual alguns conseguem fazer funcionar o poder, quando tantos outros não obtêm êxito?

A resposta clara, simples e verdadeira você a encontra nessa obra de Lauro Trevisan, lançada em 2007, atualmente na quinta edição brasileira. Leia e ofereça aos familiares e amigos.